우리는
취향을 팝니다

우리는
취향을 팝니다

콘셉트부터

디자인, 서비스, 마케팅까지

취향 저격 '공간' 브랜딩의 모든 것

이경미·정은아 지음

쌤앤파커스

Contents

CHAPTER 1

끌리는 공간은 이렇게 시작된다

CHAPTER 2

'완전 내 취향!'인 공간은 이렇게 만들어진다

공간에 취향을 불어넣는 일

여러분은 어디에 있을 때 가장 마음이 편안한가요? 먹고, 자고, 일할 때 어떤 공간에서 머물고 싶은가요? 머물고 싶은 곳에 머물고, 자꾸 생각나는 곳에 자주 찾아가시나요? 공간은 공기나 물처럼 일상은 물론 생존과도 직결된 삶의 큰 부분입니다. 때문에 자신만의 가게를 열고 싶은 분이라면, 아니, 이미 운영하고 있는 분이라면 더더욱 '공간'에 신경이 많이 쓰이실 겁니다.

장기불황이다, 저출산이다 하며 소비심리가 꽁꽁 얼어붙었습니다. 시장은 이미 포화상태이고, 상품과 서비스는 무한경쟁 중입니다. 소비자들은 지갑을 쉽게 열지 않고, 심지어 '물욕이 없다.'는 표현까지도 등장했습니다. '갖고 싶은 것이 없다.'는 말은 가게를 운영하는 사람들에게 사형선고나 다름없죠.

이런 상황에서 우리가 제일 먼저 해야 할 일은 소비자들이 공간에 '오고 싶도록' 만드는 것입니다. 우리가 만든 공간에 오게 하고, 머무르게 하는 것, 공간을 느끼게 하고, 기억에 남게 하고, 다시 찾게 하는 것이 가게를 운영하고 공간을 기획하는 사람들이 해야 할 일입니다. 지금이야말로 공간의 본질을 다시 들여다볼 수 있는 좋은 기회입니다.

공간의 본질은 '소비자에게 전하고 싶은 메시지가 무엇인가?'라는 물음에 있습니다. 이 공간에 들어온 사람이 '무엇을 느꼈으면 좋겠는가?'가 메시지이고, 콘셉트이며, 브랜딩인 것입니다. 그러기 위해서는 소비자의 입장에서 내가 만들고자 하는 공간을 객관화하는 과정이 가장 먼저 필요합니다. 그리고 소비자에게 전하고자 하는 이야기를 공간에 담는 것입니다. 이는 거대한 기업이나 프랜차이즈에만 해당되는 이야기가 아닙니다. 골목 어딘가에 있을 작은 가게에도 필요한 것이 브랜딩입니다. 일본의 유명한 크리에이티브 디렉터, 미즈노 마나부가 말했듯이 브랜딩을 위해서는 '보이는 방식을 컨트롤 할 사람'이 필요합니다.

제가 이 책을 쓰게 된 것은 소자본으로 매장을 준비하던 지인에게 도움을 주었던 경험으로부터 시작됩니다. 공간을 디자인해본 경험이 없고, 인테리어 비용을 많이 쓸 수 없던 지인은 무엇을 어떻게 해야 할지 몰라 난감해하고 있었습니다. 생각보다 많은 사람들이 가게를 준비하며 공간 디자인을 힘들어합니다. 공간 디자인이 단순히 인테리어만을 의미한다고 생각해 비싼 돈을 지불하고 유명한 인테리어 업체를 찾기도 하죠. 그러나 아무리 유명한 인테리어 업체라도 가게를 운영할 사람이 명확한 콘셉트나 가이드를 주지 않으면 효과적으로 원하는 공간 콘셉트를 표현할 수 없습니다.

자신만의 가게를 준비할 때 가장 중요한 것은 공간에 소비자들을 사로잡을 수 있는 자신만의 '취향'을 담는 것입니다. 최근 소비 트렌드는 기존의 획일화된 상품 소비에서 좀 더 다양하고 개성 있는 상품의 소비로 바뀌고 있습니다. 더 이상 익숙하고 식상한 공간 디자인은 사람들의 마음을 끌어당기지 못합니다. 여러분의 공간에는 '취향'이 잘 담겨져 있나요? 만약, 부족한 것이 있다면 무엇을 어떻게 바꾸고 채워야 할까요?

이 책은 전문가를 위한 것이 아니기 때문에 최대한 쉬운 용어를 사용하려고 했습니다만, 조금 딱딱한 느낌이 들더라도 너그럽게 봐주시길 바라겠습니다. 이 책이 공간을 구성하는 요소와 공간 디자인의 주의점을 점검해볼 수 있는 친절한 가이드이자 충실한 체크리스트가 되었으면 좋겠습니다.

이제 매장은 온라인과 오프라인이 공존하는 '옴니 채널 omni-channel'로 거듭나고 있습니다. 매장은 단순한 상품판매 공간을 넘어섰습니다. 공간의 규모와 상관없이 문화가 더해진 마케팅으로 소비자에게 차별화된 이미지를 각인시키고, 소비자의 경험을 디자인해야 합니다. 소비자가 진화하듯이 공간의 역할도 진화해야 한다는 것을 잊지 말아야 합니다.

　무언가에 영혼을 불어넣는 일은 4차 산업혁명과 기술의 발달로도 대체할 수 없는 일입니다. 사람의 감성을 만족시키는 것은 빅 데이터가 할 수 없는 일이기 때문에 공간에 감성을 채우는 일 역시 기계가 대체할 수 없습니다. 저 역시 공간의 본질을 잊지 않고 시대의 흐름과 트렌드에 맞게 변화하여 공간에 숨을 불어 넣는 스페이스 크리에이터space creator로서 진화해나갈 것입니다.

정은아

나만의 콘셉트가 담긴
가게를 만들고자 하는 이들에게

우리가 생활하면서 경험하는 '공간'의 범위는 매우 다양합니다. 무엇을 목적으로 한 어떠한 콘셉트의 공간인지부터 그 규모와 주로 사용하는 사람들까지, 공간은 한마디로 쉽게 정의내릴 수 없습니다. 이 책에서는 상업 공간을 계획하고 만들어가는 과정에서 고민할 만한 공간 디자인의 기초부터, 나아가 서비스, 마케팅까지를 폭 넓게 다루고 있습니다.

거대 기업의 브랜딩만을 소개하려는 것이 아닙니다. 골목골목에 위치한, 동네에 문을 연 다양한 작은 가게들에서도 충분히 시도할 수 있는 브랜딩과 마케팅 사례들을 소개하고 제안하려 합니다. 사이즈가 큰 공간에서는 많은 것들을 표현할 수 있고, 다양한 시도를 할 수 있지만 작은 사이즈의 공간에서는 그렇지 않습니다. 무언가를 표현하기도 어려울뿐더러, 어디에 포인트를 줘야 하는지에 대해 더 많은 고민을 해야 합니다. 그래서 작은 규모의 매장을 운영하기 위해서는 공간에 대한 더욱 구체적인 이해가 필수적입니다.

이처럼 책에서는 다양한 공간에 대한 이해와 흥미를 바탕으로 좋은 공간을 만들기 위해 어떤 지점들을 고민해야 하는지에 대해 정리하고 있습니다. 이를 통해 공간의 콘셉트부터 디자인 포인트, 서비스와 마케팅까지를 아우르는 큰 범위에서 공간 브랜딩이란 무엇인가에 대해 이야기해보고자 합니다.

책에서는 공간 디자인 항목을 크게 3가지로 구분했습니다. 1장에서는 공간을 구성하는 가장 큰 영역인 시각적 요소, 즉 보이는 요소들에 대해 점검하고자 합니다. 2장에서는 시각적 요소를 제외한 감각들, 즉 보이지 않는 요소들에 대해 다룰 것입니다. 이는 소비자들의 심리에 가장 많은 영향을 주는 항목으로 공간에 대한 이미지는 물론 판매와 재방문에도 가장 많은 영향을 끼칩니다. 마지막으로 3장에서는 꾸준히 진화하고 사랑받는 매장들을 사례로 공간 자체가 브랜드가 된 이곳들이 사랑받는 이유에 대해 이야기하고자 합니다.

공간을 구성하는 것들에는 정답이 없습니다. 공간을 기획한다는 것은 '맞다.', '틀리다.'의 문제가 아닌 '좀 더 나은 것'을 찾는 문제입니다. 이 책이 주어진 환경에서 공간 디자인이 더 나은 방향으로 나아갈 수 있도록 돕는 로드맵이 되길 바랍니다.

끌리는 공간은
이렇게 시작된다

'맥락'이 있어야
콘셉트가 읽힌다

목적 없는 공간은 매력도 없다

이 장에서는 가게 공간을 디자인하고자 할 때 알아야 할 기본적인 요소들과 디자인 순서를 살펴볼 예정입니다. 많은 경우, 공간 디자인은 어느 정도의 규칙과 방법이 적용된 기본적인 방법에 따라 진행되고 있고, 앞으로 설명할 공간 디자인의 기본 과정도 그렇습니다. 체계 없이 무작정 공간을 만들게 되면 그 과정에서 혼란이 가중되어 매력적인 공간을 만들 수 없습니다. 기본적인 항목들을 이해하고 하나하나 체크해 본다면 리스크가 적고 효율적이면서, 매력적인 공간을 만드는 데 도움이 될 것입니다.

　　새로운 공간을 계획할 때, 혹은 리뉴얼을 기획하는 단계에서 제일 먼저 해야 할 일은 '목적'을 명확하게 하는 것입니다. '너무 당연한 것 아니야?'라고 생각할 수 있지만 단계를 거듭할수록 원래의 목적이 다른 방향으로 흘러가거나, 세부적인 사항들에 치우쳐 본연의 목적을 잊을 수도 있기 때문에 이 과정은 아주 중요합니다. 개인적인 공간은 취향에 맞춰 그때그때 바꾸는 것이 가능하지만 상업적인 공간은 그러기가 어렵습니다. 특히 비용적인 면에서 그 목적이 분명해야 공간을 효율적으로 만들고 유지할 수 있습니다.

　　상업적인 공간의 목적은 크게 4가지로 구분할 수 있습니다. '장기적 판매를 목적으로 하는 공간'과 '단기적 판매를 목적으로 하는 공간', '홍보를 위한 마케팅 목적의 공간'과 마지막으로 '개인의 취향이 많이 반영된 상품을 판매하는 공간'입니다.

　　첫 번째로, 대부분 매장의 목적이자, 책에서도 주요하게 다룰 '장기적 판매를 목적으로 하는 공간'입니다. 이런 공간은 오랜 기간 동안의 판매를 위한 콘셉트와 인테리어, 공간 구성으로 만들어져야 합니다. 메인 상품은 매장에서 소비자에게 가장 잘 보이는 위치에 있어야 하고 소비자의 동선은 판매할 상품들을 중심으로 구성되어야 합니다. 그리고 소비자가 메인 상품 외에도 다양한 상품을 둘러보고 오래 머무를 수 있도록 여러 가지 비주얼 장치와 흥밋거리를 배치해야 합니다. 말 그대로 판매에

020

최적화된 공간이 되어야 합니다.

그리고 가장 중요한 것은 '질리지 않는 콘셉트'로 오랫동안 그 자리의 주인이 되는 것입니다. 보통 매장을 오픈하고 판매가 저조할 때, 사람들이 판매 상품 다음으로 가장 많이 생각하는 것이 매장 인테리어 문제입니다. 쉽게 말해 인테리어 탓도 많이 합니다. 이는 공간을 디자인할 때 방문할 소비자에 대한 배려와 판매 목적을 생각하지 않고 좋아 보이는 요소나 비주얼에만 치중했거나, 막상 공간에 들어오는 사람이 불편해할 수 있는 요소들을 간과했기 때문입니다. 혹은 너무 기능적인 판매에만 집중해 매력적인 요소가 없는 무미건조한 공간이 되거나 콘셉트가 없는 공간이 되었기 때문입니다. 이런 경우, 소비자들이 그 매장을 다시 찾아오고 싶을까요? 어떤 상품을 팔기 위해서는 지속적으로 그곳에 찾아올 소비자의 취향을 가장 먼저 고려한 인테리어와 공간 구성을 고민해야 합니다.

두 번째로, 짧은 기간 동안의 상품 판매와 이슈를 목적으로 하는 공간이 있는데, 대표적인 것이 팝업스토어입니다. 장기적 판매를 목적으로 하는 공간이 '스테디셀러'를 목적으로 한다면, 단기적 판매를 목적으로 하는 공간은 콘텐츠의 '이슈'를 목적으로 합니다. 이러한 팝업스토어는 임대료가 비싼 곳이거나 한정된 기간 동안에만 판매할 목적의 리미티드 상품이 있는 경우에 열립니다. 또한 상품을 다양한 장소에서 판매하여 이슈를 만들기 위해서 진행되기도 합니다. 그리고 한정된 기간 동안에만 진행되는 만큼 사람들의 시선을 사로잡을 수 있는 디자인을 선호합니다.

한 예시로 기존의 틀을 벗어나 여름 시즌 해변에서 진행된 '에이치앤엠H&M'의 트레일러 팝업스토어는 공간의 한계를 뛰어넘는 독특한 시도를 보여주었습니다. 저도 에이치앤엠의 팝업스토어를 벤치마킹하여 여름 시즌 휴가지마다 이동하여 관련 상품을 판매할 수 있는 1인 부스를 기획했었으나 필요한 예산에 비해 효과가 불확실해 실행하지 못한 경험이 있습니다.

이렇듯 시각적 비주얼 다음으로 중요한 것은 예산에 대한 고려와 지속적으로 공간을 활용할 수 있을지에 대한 고민입니다. 예산을 걱정하지 않아도 되는 브랜드라면 공간의 비주얼을 최우선으로 고민하겠지만, 그렇지 않다면 다양한 공간에서 진행할 수 있도록 재활용이 가능한 구조에 대해서도 고민해야 합니다.

팝업스토어는 현재 우리 주변에서 많이 볼 수 있으며, 그 형태 또한 아주 다양합니다. 그중에서 가장 흔한 것이 컬러와 심볼을 활용하여 시각적 요소를 부각하는 형태입니다. 로고 플레이를 활용하여 브랜드를 인지시키는 방법도 자주 볼 수 있습니다.

세 번째로, 마케팅 목적의 공간은 적용할 수 있는 콘셉트나 운영방법이 무궁무진합니다. 브랜드 홍보가 목적인지, 바이럴viral 마케팅이 목적인지, 혹은 리미티드 상품 홍보가 목적인지에

(위) 강렬한 로고 플레이로 도배된 오픈 박스 형태의 패션 브랜드 'CDG' 팝업스토어.
(중간) 화려한 컬러와 패턴으로 시선을 끄는 패션 브랜드 '겐조' 팝업스토어.
(아래) 해변가에서 진행되었던 패션 브랜드 '에이치앤엠'의 트레일러 팝업스토어.

택배 박스 모양의 '네이버' 팝업 부스.

따라 현재 트렌드와 위치의 특성, 타깃 소비자를 고려하여 다양한 방식으로 공간을 연출하고 운영할 수 있습니다. 단기적 판매를 목적으로 하는 팝업스토어와의 차이점은 상품 판매를 하는지 여부입니다. 마케팅 목적의 공간은 판매실적에 영향을 덜 받으며, 홍보를 중요시합니다.

온라인 브랜드들의 오프라인 팝업스토어가 대표적인데, 네이버는 소비자에게 더 친근하게 다가가 다양한 체험을 할 수 있게끔 만든 택배박스 모양의 도심 속 컨테이너 팝업스토어를 진행했습니다. 최근에는 온라인 게임 브랜드들도 신규 게임을 런칭할 때 홍보를 위한 도심 속 게임공간을 종종 선보입니다. 이러한 마케팅 공간들은 당장의 수입보다는 브랜드를 소비자들에게 인식시키는 것을 목적으로 합니다. 소비자들이 직접 체험해볼 수 있는 공간이라는 것을 주로 어필하며, 이미지와 이슈를 중요시하기 때문에 좀 더 임팩트 있는 공간 비주얼을 필요로 합니다.

그리고 가장 중요한 것은 이러한 공간 디자인과 콘텐츠를 통해서 여러분이 말하고자 하는 바를 소비자가 제대로 경험하고 느낄 수 있는지에 대한 고민입니다. 2018년에 진행되었던 샤넬의 팝업스토어는 상당한 이슈가 되었습니다. 홍대에서 진행된 샤넬 코스메틱 팝업스토어 '코코게임센터', 논현동 쿤스트할레에서 진행된 국내 최초 샤넬 패션 팝업스토어 '샤넬인서울', 그리고 강남역 대로변 매장에서 진행된 레드 뮤지엄 형태의 팝업스토어 '샤넬르루쥬'입니다.

코스메틱 팝업스토어 '코코게임센터'는 젊은 층을 공략하기 위해 위치를 홍대로 선정했고, 체험과 흥미 위주의 오락실 콘셉트로 콘텐츠가 기획되었습니다. 상대적으로 고가의 상품을 구매할 수 있는 경제적 능력이 뒷받침되는 소비자들을 타깃으로 한 '샤넬인서울'은 논현동 쿤스트할레에서 진행되었으며, 패션 상품의 체험과 전시가 이루어졌습니다. 마지막으로 다양한 연령대가 모이고 유동 인구가 많은 강남역에서는 레드 뮤지엄을 콘셉트로 한 팝업스토어 '샤넬르루쥬'가 진행되었습니다.

물론 대형 브랜드의 팝업스토어인 만큼 비주얼과 콘텐츠가 화려했지만 여기서 주목해야 할 것은 콘텐츠를 직접 경험할 소비자 니즈를 고려한 위치 선정과 콘텐츠 기획으로 팝업스토어가 다양하게 진행되었다는 점입니다.

마지막으로 개인의 명확한 취향이 반영된 상품을 판매하며, 개인적인 취향을 소비자들과 공유하는 것이 목적인 공간입니다. 물론 이런 목적의 공간도 나름의 이유에 따라 소비자의 동선과 공간이 구성되었겠지만, 다른 공간에 비해서는 운영자의 취향이 더 묻어나는 개성 있는 공간일 것입니다. 이런 공간은 일본의 작은 문구점이나 편집숍, 동네서점 등에서 많이 볼 수 있습니다. 다이칸야마 반지하에 위치한 복잡한 동선과 상품배치의 문구점, 나카메구로에 있는 중고서적 등이 이런 목적의 공간 디자인이라고 할 수 있습니다. 판매만을 위한 공간이라기보다 운영자의 개성이 느껴지면서 소소한 재미를 느낄 수 있는 매장들입니다.

이렇게 공간을 기획할 때는 공간의 목적을 확실하게 정하고 항상 잊지 말아야 합니다. 그 공간을 만드는 기획자와 방문하는 소비자의 만남, 이것이 공간의 목적입니다. 소비자를 항상 첫번째로 이해하고 배려해야만 기획자가 원하는 만남이 가능해집니다. 그러한 목적을 중심으로 콘셉트부터 디테일까지 고민해야 좀 더 효과적이고 효율적인 공간이 만들어집니다. 수많은 항목들을 고려하고 결정할 때 '목적'이 중심을 잡아주어야 흔들리지 않고 조화로운 디자인을 할 수 있습니다.

가장 중요한 건 언제나 '콘셉트'

목적이 분명하게 정해졌다면 이제 공간의 콘셉트를 정해야
합니다. 최근 많은 분야에서 콘셉트의 중요성이 언급되고 있습
니다. 특히 브랜딩이 중요해지면서 콘셉트에 대한 강연이나 책
도 많아지고 있습니다. 이는 공간에서도 다르지 않습니다.

공간의 콘셉트는 크게 3가지로 나눌 수 있습니다. 첫 번째
로, 판매와 전시 등 기능만을 강조한 '기능적 콘셉트', 두 번째
로, 대부분의 사람들이 제일 많이 고민하는 '디자인 콘셉트', 마
지막으로, 도시 재생 혹은 특별한 공간의 의미를 강조하는 '업사
이클링up-cycling 콘셉트'입니다.

첫 번째, '기능적 콘셉트'는 말 그대로 기능에 충실한 콘셉
트로 공간 디자인보다 판매 상품에 집중된 콘셉트입니다. 이 경
우에는 대부분 상품에 집중하기 위해 1가지 컬러로 공간을 연출
하며 구성요소 또한 단출하게 배치해 시선을 분산시킬 수 있는
요소를 배제합니다. 만약 커피를 판매하는 것이 목적이라면 흰
색 벽면에, 오로지 원두와 커피에 집중된 가구와 요소들로 공간
을 구성하는 것입니다.

이런 공간의 콘셉트가 브랜드의 상징이 된 사례도 있습니
다. 푸른 병 모양의 심볼로 유명한 미국의 스페셜티 커피 브랜
드 '블루보틀Blue Bottle'입니다. 블루보틀 매장의 디자인 콘셉트는

(위) 신주쿠에 위치한 '블루보틀' 매장 내부.
(아래) 기요스미에 위치한 '블루보틀' 매장 내부. 커피의 제조 과정에만 집중하도록 만든 구조다.

바리스타와 고객, 고객과 커피만을 무대 위에 올리고 다른 요소
는 최대한 덜어내는 것이라고 합니다. 소비자는 내가 마시게 될
커피의 제조 과정을 다른 방해 요소 없이 오롯이 감상하게 되는
것입니다. 블루보틀 매장마다 차이는 있지만 제가 갔었던 도쿄
와 뉴욕의 매장들도 군더더기 없는 디자인의 매장에서 긴 테이
블에 앉아, 바리스타와 소비자가 커피에만 온전히 집중할 수 있
는 구조였습니다.

　스페셜티 커피가 발달하고 자연스레 원두와 로스팅에 대
한 대중의 취향이 생기면서, 원두와 로스팅을 강조하는 매장이
많아지고 있는 것입니다. 무선인터넷이 제공되는 국내와는 다
르게 해외의 유명 커피 매장들은 대부분 무선인터넷을 제공하
지 않고 있습니다. 원두와 그 추출과정 등을 소개하며 커피에만
집중하도록 하기 위해서입니다. 런던의 '몬마우스 커피Monmouth
Coffee', '워크숍 커피Workshop Coffee', 베를린의 '더 반 카페The Barn
cafe' 등은 넓지 않은 공간이 원두와 커피 판매에만 집중되어 있
는 내추럴하고 심플한 모습입니다.

　일본이나 미국의 유명 카페들 중에서는 기능을 강조했지만
디자인 콘셉트가 가미된 곳들도 볼 수 있습니다. 도쿄의 '리틀
냅 커피Little Nap COFFEE', '오니버스 커피Onibus Coffee'는 좁지만, 인
더스트리얼industrial 무드(공업 디자인을 주요 콘셉트로 하는 경향)를 강
조하며 아기자기한 요소들이 숨어 있는 공간입니다. 그리고 콘
셉트는 다르지만 일본 특유의 정갈함을 강조하며 오로지 원두

커피 판매 관련 기계들과 디저트만을 전면에 디스플레이하고, 원두 판매용 포장재들로만 벽
면을 구성한 런던의 커피 전문점 '몬마우스 커피' 내부.

인더스트리얼 무드를 강조한 '오니버스 커피' 내부.

에만 집중하게끔 디자인된 '커피 마메야KOFFEE MAMEYA' 또한 인상적입니다.

미국 뉴욕에는 아메리칸 클래식 무드의 카페 분위기를 느 낄 수 있는 '스텀프타운 커피Stumptown Coffee'와 '인텔리젠시아 커 피Intelligentsia Coffee'가 있습니다. 이 카페들은 주문하는 곳이 아담 하지만 호텔 로비를 함께 이용할 수 있어 뉴욕 특유의 자유로운 분위기 또한 경험할 수 있습니다. 모두 분위기는 다르지만 커피 본연에 집중한 기능적 콘셉트와 특유의 문화가 만난 공간이라 는 공통점이 있습니다.

초콜릿만을 판매하는 '마스트 브라더스MAST BROTHERS' 매 장도 오롯이 초콜릿에만 집중한 공간 디자인을 보여줍니다. 런 던 소디치의 '카이트 아이웨어KITE eyewear'도 소비자와의 원활한 커뮤니케이션을 통해 만족도를 높이고자 하는 안경매장으로, 마 찬가지로 기능적 콘셉트의 공간입니다. 이곳은 매장의 대부분을 바bar 형태로 만들어 스태프가 소비자와 소통하며 안경을 제작 하는 커뮤니케이션 장소로 사용합니다. 단순히 많은 종류의 안 경을 진열하여 보여주는 다른 안경매장들과는 차이가 있습니다. 이렇게 1가지 상품만을 판매하는 매장들 중에는 그 상품에만 집 중하고, 상품이 만들어지는 과정을 중시하는 기능적 콘셉트의 공간이 많습니다.

전시 공간을 '화이트 큐브'라고 하는 것도 기능적 콘셉트 의 공간을 표현하는 대표적인 예입니다. 아무것도 없는 흰 공간

(위, 중간) 초콜릿에만 집중한 '마스트 브라더스'의 윈도우와 상품 진열.
(아래) 안경을 제작하고 상담하는 기능에 집중한 '카이트 아이웨어' 내부.

에서는 어떤 작품이라도 돋보입니다. 작품에 시선을 집중시키기 위해 공간 자체를 화이트 큐브로 만드는 것입니다.

두 번째로, 공간을 구성할 때 가장 많이 고민하는 '디자인 콘셉트'는 크게 2가지로 구분할 수 있습니다. 남들과 차별화되는 고유한 특성을 드러내며 신선한 비주얼을 만들고자 하는 '창조적 콘셉트'와 트렌드 혹은 디자인 흐름의 한 부분을 반영하여 표현하는 '반영적 콘셉트'입니다.

창조적 콘셉트라면 생전 처음 보는 비주얼인가 하는 생각이 들 수 있습니다. 물론 처음 보는 비주얼이 있을 수는 있지만, 점점 그런 곳을 찾기는 힘들어지고 있습니다. 그만큼 우리는 많은 정보와 비주얼에 노출되어왔고 모든 공간 디자인에서 어느 정도 익숙함을 느끼고 있습니다. 저의 개인적인 경험으로 봤을 때, 사람들은 전혀 다른 문화 간의 콜라보레이션을 신선하다고 느낍니다. 때문에 현재 국내외 모든 문화에서 콜라보레이션은 트렌드가 되었습니다. 문화와 문화, 아트와 패션, 아트와 가전제품, 아티스트와 브랜드 등 서로 다른 성향, 혹은 같은 성향이 만나 시너지를 발휘했을 때 색다른 비주얼이 나오는 것입니다.

완전히 다른 성격인 하이엔드 문화와 스트리트 문화의 획기적인 만남으로 일컬어지는 '루이비통'과 '슈프림Supreme'의 콜라보레이션은 지금까지도 대표적인 컬처 콜라보레이션 사례로 회자되고 있습니다. 패션과 아트의 만남은 1960년대에 이브 생

로랑Yves Saint Laurent이 몬드리안의 작품에서 영감을 받아 만든 '몬
드리안 H라인 드레스'를 시작으로 현재까지도 활발하게 진행되
고 있습니다. 나아가 최근에는 패션 분야에서 특히 많이 볼 수
있었던 색다른 비주얼의 콜라보레이션이 가전제품은 물론 푸드
패키지에도 적용되고 있습니다.

　삼성에서 2016년 로난&에르완 부홀렉Ronan&Erwan Bouroullec
형제와 콜라보레이션으로 선보인 '삼성 세리프 TV'는 기능만을
강조하던 가전제품의 작품화를 처음으로 선보인 사례일 것입니
다. 이후 많은 기업에서 공간의 작품 요소가 될 수 있는 디자인
가전제품을 선보이고 있습니다.

　이렇듯 다양한 분야의 콜라보레이션이 이제 공간에서도 이
루어지고 있습니다. 국내의 '젠틀몬스터'는 아이웨어, 즉 안경과
선글라스가 메인 상품인 브랜드지만 갤러리인지 아이웨어 매

(좌) 삼성 세리프 TV　(우) 배스킨라빈스와 알렉산드로 멘디니 콜라보

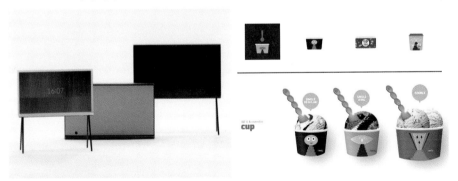

아트와 퍼포먼스로 꾸며진 '젠틀몬스터' 매장 내부.

장인지 알 수 없을 정도의 실험적인 공간 디자인은 우리가 알던 일명 '안경매장'의 상식을 뛰어넘었습니다. 시리즈 네임을 붙인 프로젝트를 진행하며 25일마다 공간 구성을 바꾸는 전략은 매장을 판매 위주의 공간이 아닌, 소비자가 브랜드를 직접 체험할 수 있는 공간으로 만들었습니다. 이는 국내 플래그십 스토어뿐만 아니라 뉴욕, 상해 등 해외의 플래그십 스토어에서도 같은 콘셉트의 다른 비주얼로 꾸준히 진행되고 있습니다. 공간 자체가

'젠틀몬스터'에서 선보인 코스메틱 브랜드 '탬버린즈' 매장 내부. 디자이너 가구와 작품들이
상품과 어우러지는 공간 디자인을 보여준다.

브랜딩 전략이자 트렌드가 된 사례로써 아트와 아이웨어가 만
나 창조적 공간으로 재탄생한 것입니다.

　아쉬운 소식도 있습니다. 뉴욕의 '캘빈클라인Calvin Klein' 매
장은 그동안 크리에이티브 디렉터이던 라프 시몬스Raf Simons와
미국의 아티스트 스털링 루비Sterling Ruby의 합작으로 설치작품과
같은 매장 공간을 선보였습니다. 그러나 디렉터가 떠나면서 올
봄부터 그 모습을 볼 수 없게 되었습니다. 그들이 보여주었던 공

아티스트와의 합작을 통해 설치작품과 같은 매장 공간을 선보인 '캘빈클라인'.

간 디자인은 공간 콜라보레이션의 좋은 예시였습니다.

　　그러나 지난 20년간 저의 경험상 대부분의 상업 공간에는 반영적 콘셉트가 적용되고 있습니다. 아르데코, 모더니즘, 퓨처리즘 등 디자인사가 반영된 콘셉트가 있고, 빈티지, 레트로, 북유럽, 미니멀 등 시기 및 지역 트렌드가 반영된 콘셉트가 있습니다.

　　공간 디자인의 유행은 지속 기간이 점점 짧아지고 있습니다. 몇 해 전부터 북유럽 스타일이 홈 인테리어부터 카페와 다양한 매장들에 많이 적용되었던 걸 떠올릴 수 있습니다. 그 전엔 모던, 레트로 콘셉트, 그 이전엔 빈티지 콘셉트가 한참 유행했습니다. 그리고 다시 현재 국내에서는 '뉴트로new-tro'가 공간 콘셉트의 트렌드로 자리 잡고 있습니다. '뉴new'와 '레트로retro'의 합성어인 뉴트로는 기성세대에게는 추억의 감성을 불러일으키고, 젊은 사람들에게는 또 다른 새로움을 보여줍니다. HOT, 젝스키스 등 90년대 가수들의 패션, 일명 어글리 패션, 아재 패션인 고프코어gorpcore룩까지 유행하며 복고 감성의 재해석은 이제 우리 주변에서 익숙하게 찾아볼 수 있습니다. 이러한 트렌드는 공간에까지 적용되며 핫 플레이스들에는 뉴트로 감성이 빠질 수 없는 요소로 자리 잡았습니다.

　　이는 2018년 3월 도쿄에 오픈한 '도쿄 미드타운 히비야Tokyo midtown hibiya'에서도 확인할 수 있습니다. 이곳은 '도쿄 미드타운 롯폰기Tokyo midtown roppongi'에 이은 미쓰이 부동산의 두 번째 미드타운으로 1층에는 '렉서스Lexus' 라이프스타일 숍부터 다양한 레스토랑이 있고, 2층에는 하이엔드 브랜드들이 자리하고 있는, 도심 속 녹음을 중요하게 생각한 콘셉트의 엔터테인먼트 쇼핑몰입니다. 그중 도쿄 미드타운 롯폰기와 다른 점은 '히비야 센트럴 마켓HIBIYA CENTRAL MARKET'입니다. 브랜드별로 모던하고 클래식한 매장은 물론, 1970년대 이발소 외관을 그대로 반영한 미용실, 가판대 디자인의 모습을 그대로 재현하고 일부 상품도 판매하는 카페 등 다양한 디자인 콘셉트의 매장들이 공존하고 있습니다. 많은 종류의 콘셉트 부스들과 인파로 다소 산만하긴 하지만, 다양한 콘셉트의 매장을 구경하고 경험할 수 있는 공간입니다.

이렇게 공간 콘셉트에도 트렌드가 있습니다. 그러나 마냥 트렌드만 따라가며 공간을 바꾼다면 어떻게 될까요? 개성도 없을뿐더러 아무도 기억하지 못하는 그저 그런 '원 오브 뎀'이 될 수밖에 없을 것입니다. 여러분 주변의 인기 있는 북유럽 스타일, 뉴트로 스타일 공간들을 생각해보면 모두 그 느낌이 조금씩 다릅니다. 만든 사람의 개성과 감성이 반영되어 다르게 표현되었기 때문입니다. 공간의 콘셉트가 단순히 북유럽 스타일의 가구를 배치한 것에서 그치는지, 더 나아가 킨포크kinfolk, 휘게, 라곰 등의 가치관까지 반영한 것인지에 따라 느낌은 완전히 달라집니다. 가족, 친구 등 가까운 지인과 함께하는 공간을 생각해 디테일한 부분까지 신경 쓴다면 같은 콘셉트라도 다르게 느껴지

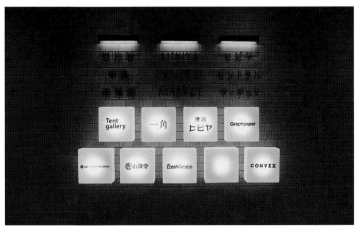

뉴트로 콘셉트의 '도쿄 미드타운 히비야' 센트럴 마켓 내부.

게 마련입니다.

　디자인 콘셉트에 대한 이해도 물론 중요하지만 그 감성의 표현이 공간의 어디에까지 스며들었는지도 중요합니다. 그에 따라 공간은 다른 분위기를 풍기고, 공간을 찾는 소비자에게 전달되는 느낌도 달라지기 때문입니다. 결국 공간의 '개성'이라는 건 그러한 디테일의 차이입니다.

　마지막으로, '업사이클링 콘셉트'는 기존 공간의 스토리를 현대적인 요소와 조합해 새롭게 재탄생시킨 것을 말합니다. 트렌디하다고 불리는 공간에서 볼 수 있는 콘셉트로, 기존 공간의 역사와 콘셉트를 유지하되, 일부를 좀 더 현대적으로 재구성한 것입니다. 이는 1990년대 유럽에서 시작된 것으로 화력발전소를 리모델링한 런던의 현대 미술관 '테이트 모던Tate Modern', 고가의 철로가 공원이 된 뉴욕의 '하이라인High Line' 등이 대표적입니다. 이러한 도시 재생부터 세계 곳곳의 콘셉트스토어까지 업사이클링 콘셉트는 지금도 꾸준히 진행되고 있습니다. 국내에서도 정부 지원 아래 서울로, 선유도 같은 도시 재생부터 젊은 아티스트들을 위한 대림동의 문화 공간, 그리고 개인적인 상업 카페들까지 많은 업사이클링 공간들이 생겨나고 있습니다.

　최근 핫한 동네가 된 익선동, 을지로에는 뉴트로 콘셉트로 대표되는 매장들이 많은데, 대형 콘셉트스토어로는 50년 된 계동의 목욕탕을 업사이클링한 젠틀몬스터의 '배스 하우스Bath

House ', 정미소와 부자재 창고였던 성수동의 카페 '대림창고', 부산의 고려제강 공장을 리모델링한 복합문화공간 'F1963' 등이 있습니다.

아직 국내에서는 업사이클링으로 볼 수 있는 공간 콘셉트가 많지 않고, 대체로 규모가 큰 공간에서만 시도되고 있습니다. 그러나 근래 생겨나는 작은 상업 공간들의 뉴트로 콘셉트가 환경 자체를 재해석한 업사이클링의 또 다른 버전이라고 할 수 있을 것입니다.

정미소와 부자재 창고였던 성수동의 카페 '대림창고' 내부.

목욕탕 업사이클링을 통해 재탄생한 계동의 '배스 하우스' 내부.

'톤 앤 매너'는 취향 저격의 핵심

콘셉트를 정했다면, 다음에는 그 콘셉트를 표현하는 '톤 앤 매너'에 대해 고민해야 합니다. 공간에서의 톤 앤 매너는 결정한 콘셉트를 표현하는 첫 번째 방식입니다. 그렇기 때문에 조금 더 디테일하게 고민해야 합니다. 조명과 메인 컬러, 가구의 자재와 형태로 드러낼 수 있는 '공간의 성격'이라고 생각하면 됩니다. 전반적으로 이것들이 조화로울 때 공간의 콘셉트가 완성된다고 볼 수 있습니다.

톤 앤 매너를 맞추는 것은 메인 컬러와 메인 자재를 선택하는 것에서 시작됩니다. 물론 기존 브랜드라면 브랜드를 대표하는 컬러와 이미지가 있을 것이고, 그러한 경우 브랜드 대표 컬러와 자재로 공간을 구성하는 것이 우선입니다. 그러나 별도의 콘셉트를 가진 공간이라면 그 콘셉트에서 중요한 컬러와 자재를 선정하는 것이 첫걸음입니다. 사람의 오감 중 가장 중요한 것이 시각과 촉각인데, 이들이 가장 많은 영향을 받는 부분이 이 2가지 요소입니다.

가장 대표적인 공간 디자인으로 코스메틱 브랜드 '베네피트Benefit'와 '맥M.A.C'이 있습니다. 베네피트에서는 핑크색과 러블리한 곡선이 눈에 띕니다. 은은한 핑크, 혹은 강한 핑크가 함께 표현된 곡선 모양의 내부 디자인은 소비자에게 이곳이 낮은 연령대의 소비자를 타깃으로 하여 러블리함을 강조한 코스메틱

(위) 블랙 컬러로 대표되는 브랜드 '맥'.
(아래) 메인 컬러를 매장 전체에 사용한 브랜드 '베네피트'.

브랜드라는 인식을 심어줍니다. 반대로 맥은 블랙이 메인 컬러입니다. 여기에 주광색의 조명은 유광의 블랙을 더욱 강조하며 차가운 도시의 시크한 톤 앤 매너를 보여줍니다.

　메인 컬러 다음으로, 공간의 가장 많은 부분을 차지하는 것이 자재입니다. 자재가 무엇인지에 따라 공간의 분위기는 완전히 달라집니다. 잘 알려져 있듯이 우드로 구성된 공간은 따뜻하고 안정적인 분위기를 느끼게 해주며, 차가운 성질의 스틸 혹은 시멘트로 구성된 공간은 차가운 이미지와 함께 시크한 분위기를 표현합니다. 또한 자재는 표현하고자 하는 시대의 분위기를 보여줄 수도 있습니다.

내추럴하고 러raw한 자재들로 인더스트리얼한 무드를 보여준다.

대리석을 활용하여 시크하고 세련된 무드를 보여준다.

　최근에는 이렇게 구성 요소들의 자재를 중심으로 톤 앤 매너를 만드는 상업적 공간이 많이 생겨나고 있습니다. 그에 따라 공간들은 다양한 매력을 드러냅니다. 을지로의 오래된 건물 내부를 고스란히 유지한 채, 톤 앤 매너에 따라 각기 다른 개성을 드러내고 있는 다양한 카페들이 대표적입니다. 덕분에 을지로는 더욱 풍성해지고 있습니다. 아주 어린 시절, 집에서나 봤을 법한 자개장롱 문과 조명들, 그리고 진짜 한약방의 가구 같은 빈티지 가구들로 구성된 '커피한약방'부터 오래된 인쇄소의 무드를 그대로 표현한 '4F', 간판이 없고 각각 2층, 4층에 위치해 찾기 어려운 공간이지만 정감 가는 '미팅룸'과 '투피스_{twoffice}' 등 비슷해 보이지만 각각의 톤 앤 매너가 뚜렷한 카페들은 사람들이 을지로를 다시 찾게 하고 있습니다. 이렇게 메인컬러와 자재들을 선택했다면 이들을 공간의 어디까지 적용하여 톤 앤 매너를 만들지 결정해야 합니다. 그래야 소비자들에게 공간에 대한 매력적인 첫인상을 남길 수 있습니다. 즉, 톤 앤 매너를 정하는 것은 공간에 어필하고 싶은 이미지를 담는 첫 번째 과정입니다.

톤 앤 매너를 결정했다면, 공간을 채울 구성 요소들을 고민해야 합니다. 목적과 콘셉트가 무엇인가에 따라서도 공간의 구성은 달라지겠지만 제일 중요한 것은 판매할 상품이 돋보이도록 공간을 구성하는 것입니다. 일반적으로 공간의 구성요소 중에서 가장 중요한 것은 가구입니다. 상업 공간에서 사용할 가구를 고를 때에는 판매 상품의 연출과 수납을 위한 기능적 요소, 소비자의 동선을 고려한 사이즈, 공간의 톤 앤 매너와 어울릴 수 있는 소재 등을 고민해야 합니다. 공간을 구성하는 가구와 소품들을 가장 적합한 상태로 직접 디자인하고 제작하여 배치하는 것은 공간의 효율을 높이는 일입니다. 그러나 시간과 비용을 고려한다면 중심이 되는 포인트 벽면 혹은 메인 집기는 공간의 사이즈와 구성에 맞게 원하는 디자인으로 제작하되 조명, 테이블, 스툴, 디스플레이용 가구 등은 그에 어울리는 디자인의 기성품을 구매하는 것이 좋습니다. 요즘은 참신한 아이디어의 가구 디자이너 작품들과 젊은 아티스트들의 작품을 포인트로 활용하기도 하는데, 이는 공간의 콘셉트에 아티스트의 감성이 더해져 더욱 풍성한 느낌을 줍니다. 물론 예외도 있습니다. 공간을 상품과 관계없이, 마치 갤러리처럼 구성하여 공간에 대한 호기심을 유발하는 곳입니다. 판매 상품을 직접적으로 보여주지 않는 이런 구성을 '히든 구성'이라고 하는데, 이런 구성은 그 자체가 매장의 콘셉트가 됩니다. 물론 이 경우에는 소비자의 동선과 스태프들의 서비스 플랜이 조금 더 꼼꼼하게 설계되어야 합니다. 편집 브랜드 '그라프페이퍼Graphpaper'의 매장 구성이 대표적인 '히든 구성'입니다.

가구의 슬라이드 문 뒤에 제품을 숨겨 갤러리 무드를 표현한 '그라프페이퍼' 내부.

감성을 자극하는 '인스타존'

중심이 되는 가구들까지 결정했다면, 이제 디테일한 소품들을 고민해야 합니다. 특히 요즘에는 공간의 포인트존, 일명 인스타존이 필수 요소가 되었습니다. 물론, 일부 소비자들의 매너 없는 행동들은 인스타존에 대한 우려의 목소리를 만들기도 합니다. 이들은 음식이나 음료를 주문하지 않고 무작정 사진을 찍기 위해 공간을 사용한다던가, 지나치게 오랜 시간 포토존을 사용해 다른 소비자들에게 피해를 주기도 합니다. 때문에 SNS 업로드용 포인트존을 지양하는 매장도 늘어나고 있는 것이 사실이지만, 이 메가 트렌드의 영향력을 아예 무시할 수는 없습니다.

이러한 일명 인스타존이 뒤에서 언급할 망원동의 '자판기 카페', 동대문의 '장프리고'처럼 매장의 외관 자체인 경우도 있습니다. 그러나 아직은 외관보다는 접근이 쉬운 매장 내부에서 포인트가 되는 부분을 인스타존으로 만든 곳이 대부분입니다. 앞서 언급한 것처럼 아티스트들의 작품을 포인트로 하여 공간을 풍성하게 하면서 자연스럽게 그 공간을 인스타존으로 부각하는 경우도 있습니다. 제주도 GD카페로 잘 알려진 '언타이틀드2017UNTITLED2017'에서 최정화 작가의 '숨쉬는 꽃'이 인스타존이 된 것처럼 말입니다.

그런가 하면, 공간의 콘셉트 중 일부 요소가 인스타존이 되기도 합니다. 강남역에 위치한 '런드리피자'는 미국식 세탁소를 콘셉트로 한 수제 피자집으로 유명가수의 뮤직비디오에 등장하기도 하고, 방문하는 많은 사람들이 찍은 세탁기 모습의 벽면이 SNS에 업로드되면서 유명세를 탔습니다. 카페나 식당이라면 음식 자체가 SNS에 많이 노출되겠지만 배경이 되는 구성요소들도 얼마든지 공간의 포인트가 될 수 있습니다. 음식이 담긴 식기, 카페의 조명, 혹은 그림이나 포스터, 아기자기한 소품들 또한 인스타존이 될 수 있는 것입니다. 때론 벽면의 문구 하나에 공감한 소비자들이 그것을 렌즈에 담기도 합니다. 공간의 어떤 부분이 소비자들의 렌즈에 담길지를 고려한 포인트존, 일명 인스타존에 대한 고민은 이제 필수적인 것이 되었습니다.

이렇게 렌즈에 담기기 위한 포인트존 외에도 작은 소품들이 공간에 대한 이미지 혹은 잔상을 만들어내기도 합니다. 매장 입구의 인상적인 소품, 매장에서 사용하는 트레이, 펜, POP 디자인까지 공간을 구성하는 모든 요소가 콘셉트와 어울린다면 공간의 완성도는 더욱 높아질 것입니다. 이 모든 디테일들이 소비자를 배려하는 공간 디자인입니다.

인스타그램에 많이 업로드 되는 세탁소 콘셉트의 '런드리피자' 인테리어.

'언타이틀드2017'의 인스타존이 된 최정화 작가의 '숨쉬는 꽃'.

모든 디테일에
'의미'를 담아라

냉장고 문으로 통하는 라운지 바 _외관 디자인

지금까지 공간을 만들 때 고려해야 할 큰 틀에 대해 설명했다면, 지금부터는 비주얼적인 요소들과 디테일에 대해 좀 더 구체적으로 이야기해보겠습니다. 디테일에 숨어 있는 '의미'와 '취향'은 소비자들을 사로잡는 강력한 힘입니다.

먼저, 매장의 외관은 아주 중요합니다. 매장을 찾을 때 이정표이자 첫인상이기 때문입니다. 매장의 외관은 2가지 형태로 나뉘는데, 매장의 콘셉트를 잘 표현한 외관과 아예 외관을 중요

블루 컬러가 시선을 끄는 외관의 의류 매장 '클로즈드'.

시하지 않고 내부 콘텐츠에 집중한 경우입니다. '인스타 성지'는 두 번째 경우를 대표하는 표현입니다. 간판이 없어도, 입구가 어디인지 찾을 수 없어도 SNS에 업로드할 수 있는 개성 있는 콘셉트와 콘텐츠만 있다면 소비자는 알아서 찾아온다는 것입니다.

두 방법 모두 장단점이 있습니다. 눈에 띄는 로고와 독특한 외관으로 표현된, 내부가 훤히 보이는 매장은 먼저 사람들의 시선을 사로잡을 수 있습니다. 목적을 가지고 매장을 찾은 소비자와 방문 예정이 없던 소비자 모두의 시선을 끌어, 그들이 매장으로 들어올 수 있게 할 수 있다는 장점이 있습니다. '나이키'나 '아디다스' 같은 유명 브랜드들은 내부가 훤히 보이는 외관에

쿠마 켄고가 디자인한 파인애플 과자점 '써니힐즈'의 외관.

로고 혹은 심볼 하나만으로도 존재감을 드러냅니다.

코스메틱 브랜드들은 화려한 컬러의 외관을 이용해 브랜드를 어필합니다. 패션 브랜드들 또한 임팩트 있는 컬러나 소재를 선호하며 화려한 윈도우와 함께 매장 내부를 보여주는 외관 디자인을 선호하는 편입니다. 시즌마다 바뀌는 메인 상품, 혹은 캠페인을 어필하기에 적절한 방식이기 때문입니다. 물론 해외 명품 브랜드들은 유명 건축가를 통해 건물 자체를 하나의 작품으로 만들어 브랜드 플래그쉽 스토어를 그 거리의 시그니처로 만들거나 도쿄에 위치한 '써니힐즈'처럼 그 나라의 유명 건축가와 콜라보하여 지역과 브랜드의 특성을 표현하기도 합니다. 모두 브랜드를 직접적으로 노출해 어필하는 외관 디자인입니다.

　아직은 대부분의 매장이 이러한 외관을 유지하고 있지만 SNS의 발달은 외관 디자인에도 변화를 가져왔습니다. 국내에서는 SNS에서 이슈가 되었던 망원동의 '자판기 카페'가 대표적입니다. 입구를 핑크색 자판기로 만들어, 들어가는 입구가 어디인지 한참을 찾아보게 함과 동시에, 눈에 띄는 핑크색 자판기 입구는 네이밍에 맞는 외관 콘셉트로 '인스타 성지'가 되었습니다. 방문객은 물론 관광객까지 찾아가 줄을 서서 사진을 찍는 모습을 볼 수 있습니다.

위트 있는 도어가 설치된 '자판기 카페' 외관.

자판기 카페의 성공 이후 출입문이 어디인지 찾아야하는 개성 있는 외관 디자인을 선보이는 매장이 많아지고 있습니다. 냉장고 문을 통해 매장으로 들어가는 동대문의 라운지 바 '장프리고', 옷장 문을 통해 카페로 들어가는 건대의 '아르무아' 등 출입문 자체가 매장의 포인트인 곳들이 점점 늘어나고 있는 추세입니다. 물론 이러한 외관 콘셉트는 공간의 콘셉트와 연결되어야 하며, 본연의 콘텐츠를 침범하지 않는 선에서 하나의 경험 콘텐츠의 역할로서만 존재해야 한다는 주의점이 있습니다.

이렇게 유쾌한 아이디어의 외관 외에도 아예 기존 건물의 외관을 그대로 사용하면서 간판조차 설치하지 않거나, 아주 작게 매장명이 표시되어 있어 지도를 들고 찾아가야 하는 공간들이 있습니다.

2013년 리노베이션한 런던의 유명 온라인 편집숍 'LN-CC'의 오프라인 매장은 방문 전 예약도 필수지만 처음 방문할 땐 지도를 들고 찾아가도 입구를 쉽게 찾을 수 없습니다. 저도 그 앞에서 한참을 헤매던 기억이 있습니다. 그러나 내부의 콘텐츠와 인테리어는 외관과 반대로 매우 독특했으며, 긴 시간을 들여 헤매다 찾으니 성취감마저 안겨 주었습니다. 도쿄에 있는 의류 매장 '아카이브 스토어Archive Store' 또한 매장 입구가 맞는지 의심스러운 허름한 외관에 아주 작은 글씨로 매장명이 적혀 있습니다. 반면 내부는 아주 화려한 가구와 쉽게 볼 수 없는 유명

냉장고 문을 통해 내부로 들어갈 수 있는 라운지 바 '장프리고'.

입구를 찾기 어려운 편집숍 'LN-CC' 외관과 기형학적 구조의 독특한 내부.

인더스트리얼한 건물 그대로를 유지한 외관과 반대로 고급스러운 내부 인테리어의 도쿄 의류 매장 '아카이브 스토어'.

디자이너들의 오리지널 빈티지 의상들로 연출되어 있습니다. 허름한 건물의 외관을 그대로 유지한 채 지하에 위치한 이 매장들은 안과 밖의 반전 비주얼로 오히려 내부 공간에 대한 나만의 케렌시아를 느끼게 해주기도 합니다.

이렇게 해외의 편집숍이나 아이덴티티가 강한 브랜드에서 볼 수 있는 매장의 외관 콘셉트는 방문하는 이가 많지는 않지만, 지도를 들고 찾아갈 정도로 내부가 매력 있는 공간임을 내세우고 있습니다. 간판이 없어 지나가는 사람들이 들르긴 힘든 공간들이지만 SNS의 발달 덕분에 이 공간들을 찾아내 방문하는 것은 그리 어렵지 않습니다. 오히려 가보고 싶은 공간을 직접 방문하고 그 무드를 느낄 수 있는 소소하지만 작은 나만의 행복, '소확행'을 느끼게 해주는 곳들입니다.

외관 디자인을 선택할 때 가장 중요한 것은 각각의 방식들이 가진 장단점을 인지하고, 만들고자 하는 상업 공간의 콘셉트와 콘텐츠에 따라 가장 효율적인 방식을 선택하는 것입니다. 외관은 오프라인으로 브랜드를 접하는 사람들에게 처음으로 이미지를 심어주는 역할을 합니다. 동시에 오랫동안 유지될 공간에 대한 스토리의 첫 출발지점이기 때문에 더욱 중요합니다. 외관은 공간에 대한 소비자의 첫 경험이자 시작입니다.

말하는 쇼윈도_윈도우 디스플레이

윈도우 디스플레이는 외관에 내부가 보이도록 윈도우를 설치한 매장 혹은 의도적으로 외관에 디스플레이 공간을 만든 매장에 적용되는 부분입니다. 외관에 설치한 윈도우에는 크게 3가지의 목적이 있습니다.

첫 번째는 소비자의 시선을 유도하고 흥미를 유발시켜 판매로 연결되도록 하는 것입니다. 두 번째는 매장 앞을 지나가는 소비자들과의 소통입니다. 즉 선보이고 싶은 상품에 대한 프레젠테이션이나 개인적, 사회적으로 하고 싶은 이야기를 표현하는 장소로 사용하는 것입니다. 마지막으로 세 번째는 무엇을 파는 곳인지를 직접적으로 노출하는 것입니다.

첫 번째는 우리가 흔히 생각하는 윈도우 디스플레이로, 백화점의 시즌 디스플레이를 떠올릴 수 있습니다. 특히 크리스마스 시즌에 해외 유명 백화점들은 앞 다투어 윈도우 디스플레이에 공을 들이고, 이는 보는 이로 하여금 연말의 행복감을 느끼게 해줍니다. 연말 무드를 느낄 수 있도록 하는 윈도우 디스플레이를 통해 사랑하는 사람, 감사했던 사람들에게 줄 선물을 구매하도록 하는 것입니다. 물론 크리스마스 시즌이 되면 대부분의 매장에서 크리스마스 무드를 느낄 수 있지만 백화점들의 화려한 윈도우 디스플레이는 시즌 무드의 최고봉이라 해도 과언이 아

'셀프리지' 백화점의 크리스마스 시즌 윈도우 디스플레이.

닐 것입니다.

　이렇듯 윈도우는 특정 시즌의 무드를 직접적으로 보여주며 쇼핑 욕구를 일으킵니다. 새로운 해의 시작을 알리는 봄, 휴가를 준비하는 여름, 감사의 선물을 준비해야 하는 각종 기념일, 무더위가 지나가고 한껏 그윽해지는 가을, 한해의 마무리를 알리는 연말 등 해당 시즌의 무드를 더욱 강조하고 그에 맞춰 브랜드에서 준비한 상품을 함께 연출함으로써 구매 욕구를 더욱 북돋우도록 하는 것입니다.

　두 번째는 개인의 생각과 목소리를 내는 데 주저함이 없고 개성이 뚜렷한 현재의 트렌드에 따리 많이 나타나고 있습니다.

바로 사회적 문제나 가치관에 대한 윈도우 디스플레이입니다. 패션 브랜드 '베트멍Vetements'이 선보인 백화점 디스플레이는 패스트 패션으로 인한 의류 과소비와 과도한 의류 쓰레기로 환경이 파괴되고 있는 사회문제에 대한 풍자를 선보였습니다. 이는 백화점 윈도우 디스플레이, 그리고 브랜드에서 선보이는 윈도우 디스플레이로는 파격적이어서 당시 큰 이슈가 되었습니다.

　윈도우 디스플레이는 또한 매장의 콘텐츠와는 상관이 없으나, 브랜드에서 소개하고 싶은 젊은 작가들이나 신인 브랜드의 프레젠테이션 장소로도 이용되고 있습니다. 대형 백화점부터 작은 갤러리, 혹은 카페까지 지지하고 후원하는 젊은 작가들의 작품을 매장 앞 행인들에게 선보이고 있습니다. 런던의 '셀프리지

영국 '해러즈' 백화점에서 진행된 '베트멍'의 윈도우 디스플레이.

Selfridges' 백화점은 브랜드 홍보 윈도우 외에도 신인 작가들에게 프레젠테이션의 기회를 제공하기 위하여 매 시즌 아티스트 혹은 그룹을 선정하여 그들의 작품과 가치관을 쇼윈도에 표현하고 있습니다. 또한 사회적 이슈를 주제로도 윈도우 디스플레이를 활용하는데, 이러한 의도는 셀프리지 백화점 앞을 지나가는 수많은 사람들에게 전달되며, 셀프리지의 목소리에 귀 기울이게 합니다. 이렇듯 윈도우 디스플레이는 매장 앞을 지나가는 행인들 혹은 찾아오는 소비자들에게 하고 싶은 이야기를 전달하는 브랜드와 소비자 간 소통의 창구 역할을 하기도 합니다.

마지막으로 세 번째는 매장이 무엇을 판매하는 공간인지 직접적으로 보여주는 창구 역할입니다. 판매하는 상품을 디스플레이하여 어필할 수도 있고 통유리로 매장 내부를 그대로 보여줄 수도 있습니다. 간단한 텍스트를 적어 매장을 소개할 수도 있습니다. 상품이나 공간 자체를 그대로 노출시켜주는 윈도우는 매번 흥미를 불러일으키진 않지만 소비자의 호불호가 덜한 편이며, 있는 그대로에 집중하는 진정성을 보여줍니다.

매장 외관부터 개성이 넘치며, 다양한 방식이 시도되는 요즘 윈도우 디스플레이는 선택적 항목이지만 공간과 소비자 간의 가장 중요한 커뮤니케이션 수단으로 활용되고 있습니다.

신인 작가들을 소개하는 공간으로 활용되는 '셀프리지' 백화점 윈도우 디스플레이.

매장 윈도우를 통해 퍼포먼스를 선보이기도 한다.

매번 컬러가 바뀌는 쇼룸 _ 인도어 디스플레이

이번엔 내부 공간의 디스플레이에 대해 이야기하고자 합니다. 매장에 들어와 보이는 내부의 모든 연출을 '인도어 디스플레이'라고 표현하겠습니다. 인도어 디스플레이는 공간의 콘셉트, 톤 앤 무드, 구성 등의 인테리어 외에 상품을 더욱 돋보이게 하는 매장 내부의 디스플레이와 판매 활성화를 위한 동선, 상품 연출 등에 대해 고민하는 부분입니다.

매장 내부 공간을 연출할 때 가장 먼저 생각해야 할 부분은 공간의 비주얼 포인트입니다. 시선을 사로잡는 비주얼 포인트는 공간에 대한 기대치를 높여주기 때문입니다. 비주얼 포인트에는 정기적으로 콘텐츠가 바뀌는 방식과 바뀌지 않고 시그니처 비주얼로 유지되는 2가지 방식이 있습니다.

콘텐츠를 바꾸는 방식은 공간을 시즌별로, 혹은 정기적인 기간을 기준으로 하여 프레젠테이션을 겸한 비주얼로 교체하는 것입니다. 대표적으로 파리의 편집숍 '메르시Merci'는 가장 큰 홀에 정기적으로 보여주고자 하는 상품을 모티브로 프레젠테이션을 겸한 디스플레이를 설치합니다. 이는 상품을 어필하기 위한 디스플레이임에도 불구하고 때론 예술 작품 같기도 하고, 때론 전시를 겸한 비주얼 공간 같기도 합니다. 때문에 매번 방문할 때마다 이번엔 어떤 비주얼을 보여줄지 궁금해지게 하는 포인트가 됩니다. 이렇게 정기적으로 바뀌는 비주얼 포인트는 그 공간

정기적으로 콘셉트를 바꿔가며 위트 있는 디스플레이를 보여주는 '메르시'.

에 대한 기대감과 함께 계속해서 소비자들이 그 공간에 방문하게끔 만드는 역할을 합니다.

다음은 공간의 시그니처 비주얼을 연출하는 방식입니다. 작은 카페는 고객이 거칠 수밖에 없는 카운터 혹은 커피바 주변의 디스플레이에 따라 공간의 이미지가 달라질 수 있습니다. 심플하게 메뉴만이 적혀 있는 벽면으로 연출할 수도 있고, 로고나 심볼이 그려진 테이크아웃 컵으로 연출할 수도 있습니다. 원두, 로스팅 기계 등이 노출된 벽면으로 디스플레이를 대체할 수도 있습니다. 개성 있는 연출 방식을 선택하면 됩니다.

카페 외에도 요즘 많이 볼 수 있는 수제 맥주 펍에서는 맥주 탭의 디자인이나 맥주 종류에 대한 안내 형태, 텍스트의 연출에 따라 그 매장이 표현하고자 하는 이미지를 확인할 수 있습니다. 때론 위트 있는 네온 문구가 공간을 대변하기도 합니다. 이렇듯 모든 공간에는 기억에 남을 비주얼 포인트가 필요합니다. 이는 소비자가 공간에 들어섰을 때 가장 먼저 보이는 곳에서 시각적 이미지를 만들기 때문에 아주 중요한 구성 요소입니다.

공간의 비주얼 포인트는 이처럼 인테리어를 이용한 디스플레이가 될 수도 있지만 매장의 가구 혹은 소품이 될 수도 있습니다. 남산에 위치한 '카페 피크닉'은 공간의 가운데를 크고 긴 테이블과 다양한 샹들리에로 구성했습니다. 3층 건물 전체를 '피크닉'이라 부르는 이곳은 전시회가 열리는 공간이지만 1층에 위치한 이 카페 또한 SNS에 항상 등장합니다. 그만큼 시각적으

커피바 디스플레이. 에스프레소 머신이나 핸드 드립 용품, 테이크아웃 컵 등을 디스플레이 요소로 활용할 수 있다.

로 임팩트 있었기 때문일 것입니다.

후암동의 '아베크엘카페'에서는 입구의 그림 한 점이 무심한 듯 손님들을 반겨줍니다. 그리고 공간 곳곳에 드라이플라워와 그림이 배치되어 있습니다. 소품으로 공간의 전체적인 이미지가 완성된 사례입니다. 이처럼 크게는 가구 혹은 조명이, 소소하게는 그림 한 점, 혹은 플랜트 소품 연출이 공간을 더욱 풍성하게 해주기도 합니다.

큰 규모의 공간은 분할하여 여러 콘셉트를 연출할 수 있지만 한눈에 보이는 사이즈의 작은 공간이라면 압축된 이미지가 필요합니다. 때문에 공간의 메인 비주얼 포인트를 어떻게 연출할지 신중하게 결정하고 그 외의 부분은 조화를 이룰 수 있는 소품들로 연출하여 집중된 이미지를 만들어야 합니다.

이 외에도 내부 공간 자체의 디스플레이를 정기적으로 바꾸어 매번 기대감과 신선함을 주는 사례도 있습니다. 성수동에 위치한 가죽 잡화 브랜드 '페넥Fennec'의 쇼룸은 컬러를 테마로 하여 내부 디스플레이를 정기적으로 교체합니다. 화이트를 베이스로 한 공간을 지정된 컬러의 테마 상품들과 소품들로 교체하여 공간을 채우는 방식으로, 매번 이번엔 무슨 컬러로 어떤 소품들을 채워 놓았을까 하는 궁금증을 유발하는 공간입니다. 이러한 연출은 공간을 재방문하는 소비자에게 신선함과 기대감을 갖게 해주어 지속적으로 찾아오도록 유도합니다.

(위) 남산 '카페 피크닉' 내부. 긴 테이블과 샹들리에로 시각적 임팩트를 준다.
(아래) 그림, 드라이플라워 등 소품들로 공간의 이미지를 완성한 후암동의 '아베크엘카페' 내부.

컬러를 테마로 공간 전체를 정기적으로 재구성하는 '페넥' 매장 내부.

오랫동안 기억되는 중고서점의 명함 도장 _ 소품 활용

지금까지 비교적으로 눈에 잘 띄는 공간 디자인 항목에 대해 이야기했다면, 이번 항목은 디테일에 관한 이야기입니다. 이러한 소품 디자인은 인도어 디스플레이의 범위 안에 들어갈 수도 있지만, 그 범위가 다양하여 항목을 분리했습니다.

우린 수많은 공간들 속에서 때론 스쳐지나갈 수도 있는 작은 디테일 하나에 감동 받고, 위트를 느끼기도 합니다. 화분 안에 숨어 있는 작은 피규어, 창가의 작은 꽃, 카운터의 센스 있는 문구 등 무심히 스쳐지나갈 수 있는 것들에서 말입니다. 이런 공간의 디테일을 점검할 때는 소비자의 입장에서 감동받을만한 디테일이 무엇일까를 고민해야 합니다. 그 고민은 고스란히 공간을 찾는 사람들에게 전해지며 공간의 이미지를 만들기 때문입니다.

이런 디테일들은 어디까지 신경 쓰는가에 따라 그 범위가 다양합니다. 기본적으로 그 매장에서 가장 눈에 띄길 바라는 상품에 대한 디스플레이 소품부터 공간의 콘셉트와 어울리는 폰트로 만들어진 POP, 명함, 그리고 식당이나 카페라면 메뉴판, 식기와 같은 부자재들을 포함합니다. 마지막으로 소비자가 매장을 나갈 때, 그리고 그 이후에도 공간의 콘셉트를 경험할 수 있도록 하는 패키징 용품도 포함됩니다.

'도산분식'의 공간 콘셉트를 완성하는 레트로 소품들.

요즘 핫 플레이스라고 하는 카페나 음식점들에 가면 메뉴가 적힌 방식이나 메뉴판의 디자인에도 개성이 넘칩니다. 주문할 때도 매장의 콘셉트를 느낄 수 있을 정도입니다. SNS에서도 유명한 '도산분식'의 사진들을 보면 음식이 담겨져 나오는 그릇과 물병 등 식기류가 꼭 함께 등장합니다. 이런 소품들을 통해 기성세대들은 1980~90년대 학교 앞 분식집을 떠올리고, 젊은 세대들은 새로운 비주얼에 흥미를 느낍니다. 이 플라스틱 그릇들은 뉴트로 무드를 타고 온라인에서도 인기입니다. 공간에 대한 오마주가 소품의 디테일에까지 표현되어 뉴트로 무드를 더욱 깊이 경험하게 만드는 것입니다.

을지로의 '커피한약방' 또한 공간의 독특한 인테리어, 콘셉

나무판에 고정시켜 세우거나 행어에 걸어놓는 등 다양한 방식을 사용한 POP.

트로 이미 유명하지만 한약방 콘셉트를 잔(사발)에 적용하여, 커피를 마시는 사람들이 마치 한약을 마시는 듯한 느낌을 받게끔 한 디테일은 놀라울 정도입니다.

음식점 외에 상품 판매가 목적인 곳도 마찬가지입니다. 상품이 어떻게 연출되어야 더 효과적일지를 고민해야 합니다. 가방이라면 마네킹이 상품을 메고 있는 형태가 나을지, 아니라면 벽에 거는 방법과 소도구를 활용하여 세워 놓는 방법 중 어떤 형태가 공간과 어울리고 시각적으로도 돋보일 수 있는지 생각하고 실행해봐야 합니다. 연출 방법을 선택했다면 마네킹은 어떤 형태가 그 가방과 가장 잘 어울리는지, 가방 스탠드 도구는 어떤 형태가 가방의 모양을 가장 잘 살려주는지, 가방을 공간의 어느 부분에 놓아야 할지 고민해야 합니다.

상품을 돋보이게 연출했다면 상품에 대한 설명과 가격 표시 등 텍스트 또한 어떤 서체와 사이즈로 고지할지 고민해야 합니다. 모든 것을 스태프가 설명할 것이 아니라면 이러한 상품의 연출 방식, POP, 그 디자인까지 모두 중요합니다.

스쳐지나가기 쉬운 부분이라 신경 쓰는 사람이 많지는 않더라도 공간을 만든 사람에게는 이런 작은 부분 하나하나가 화룡점정처럼 느껴지곤 합니다. 소비자 1명이라도 '아, 이 브랜드는 이런 작은 것 하나까지도 신경 쓰는 브랜드구나.' 하고 인지해주는 순간 공간은 소비자와 교감하게 되기 때문입니다.

　다음은 상품을 공간 밖으로 가지고 나갈 때의 이미지, 바로 패키징입니다. 패키징은 홍보의 측면에서 생각할 수도 있지만 그곳을 나가는 고객에 대한 마지막 인사 같은 것이기도 합니다. 소비자는 스태프가 포장을 하는 동안 매장을 다시 둘러보기도 하지만 스태프의 손끝을 따라 시선을 움직이면서 자신이 구매한 상품이 포장되는 과정을 관찰하고, 그러면서 공간에 대한 마지막 인상을 형성합니다. 그래서 포장을 하는 스태프의 태도는 공간이 소비자를 대하는 태도이자 마침표와도 같은 역할을 한다고 할 수 있습니다.

　같은 맥락에서 포장을 할 때 사용하는 집기 역시 아무거나 사용하기보다 공간의 감성과 연결되는 것으로 선택하는 것이 좋습니다. 간혹 포장하는 스태프에게 '이런 가위는 어디서 사요?', '이런 테이프는 여기에서 파는 거예요?'라고 묻는 사람들이 있다면, 반은 성공한 셈입니다. 그 질문들은 단순히 집기의 구매처에 대한 궁금증이라기보다 소비자가 이 공간의 디테일을 인지했다는 증거이기 때문입니다.

　또한 포장에 사용하는 집기나 자재 관리에 신경 쓸 것을 권합니다. 포장할 때 가위가 어디에 있는지, 테이프가 어디에 있는지 몰라 카운터 서랍을 여닫는 것을 반복하면서 당황한다면 소비자가 공간에 대한 마침표를 제대로 찍기 어려울 것입니다. 정해진 위치에 항상 필요한 집기를 비치하고 스태프끼리 내용을 공유해야 합니다. 그렇게 소비자가 공간을 벗어나는 순간까지

브랜드 콘셉트를 상징적으로 표현한 쇼핑백

브랜드 컬러를 활용한 쇼핑백

브랜드 로고 혹은 심볼을 활용한 쇼핑백

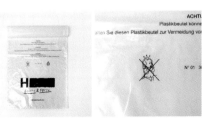

정보 전달의 역할을 하는 쇼핑백

소비자의 눈이 공간과 스태프를 향해 있다는 점을 잊지 말아야 합니다. 포장을 하는 장소 또한 작더라도 카운터 주변이나 뒤에 별도로 마련하는 것을 추천합니다.

패키지 디자인에 있어서는 포장 도구의 크기가 구매 상품에 적절한지, 쇼핑백이나 박스의 재질, 컬러, 로고는 공간의 무드와 잘 연계되는지, 상품을 속지로 포장 후 쇼핑백에 담을지 등의 디테일을 고민해야 합니다. 예를 들어 내추럴한 무드의 공간에서는 가공이 많이 된 유광의 세련된 쇼핑백보다는 환경을 배려한 재활용 종이나 크래프트지로 만든 쇼핑백이 어울릴 것입니다. 유니크한 요소가 많은 화려한 공간이라면 화려한 컬러의 눈에 띄는 쇼핑백이 어울릴 것입니다. 로고 또한 어느 위치에 어떤 사이즈로 삽입해야 어울릴지 수차례 고민하여 공간과 어울리는 패키지를 완성하는 것이 디테일한 연출의 마지막 과정일 것입니다.

일본의 백화점 혹은 편집숍 등에서 상품을 구매해본 사람이라면 알 것입니다. 포장에 상당히 오랜 시간이 걸린다는 것을요. 선물용이 아닌데도 불구하고 스태프는 오랜 시간 동안 공을 들여 상품을 포장합니다.

도쿄에 있는 '슬로우 하우스Slow House'는 가구, 의류, 가정용품 등을 판매하는 라이프스타일 숍입니다. 이곳에서 상품을 구매한 사람은 집에 돌아가 상품을 꺼내볼 때 다시 한 번 매장의 분위기를 느낄 수 있습니다. 정성들여 상품을 포장했던 스태프의 태도부터 상품을 포장하며 붙여주었던 나뭇잎까지 패키징에서 매장의 콘셉트를 다시 한 번 느낄 수 있기 때문입니다. 슬로우 하우스에서는 셀프 인테리어 소품, 자연주의 가구, 조명 등 각종 킨포크 상품들을 판매하고 있습니다. 그리고 그에 어울리게 상품을 포장할 때 나뭇잎을 붙여줌으로써 패키징에 한 번 더 공간의 콘셉트를 표현합니다. 이렇듯 스태프의 태도와 패키지 디자인은 브랜드와 공간의 마지막 디자인 항목으로, 공간을 나가면서, 혹은 그 이후에도 그곳에 대한 깊은 여운을 갖게 만듭니다.

공간에서는 아주 작은 소품 하나가 마지막 인상을 결정짓습니다. 제가 아주 예전에 방문했던 일본의 한 작은 중고서점 입구 테이블에는 작은 명함 도장과 종이가 놓여 있었습니다. 덕분에 그곳의 잔상은 아직까지 남아 있습니다. 작은 매장을 둘러보고 나가면서 그곳의 명함 도장을 직접 종이에 찍어 가지고 나가니 그곳의 아날로그적인 감성과 함께 공간이 저를 배웅하는 느낌이 들었습니다. 나만 가지고 있을 것 같은 명함은 소소한 행복을 느끼게 해주었습니다. 이렇듯 작은 소품들을 통한 경험이 바로 공간을 구성하는 디테일의 힘입니다.

자연주의적 공간 콘셉트를 강조한 도쿄의 라이프스타일 숍 '슬로우 하우스'. 공간에 어울리는 패키징을 보여준다.

'스태프'의 애티튜드는
취향의 완성

공간 디자인의 마지막 단계는 바로 움직이는 이미지인 스태프입니다. 여기서 말하는 이미지는 예쁘고 잘생긴 것을 의미하지 않습니다. 스태프의 이미지 콘셉트와 애티튜드에 관한 이야기입니다. 공간과 스태프가 전혀 상반되는 비주얼 콘셉트를 가지고 있다면 공간에 대한 소비자의 호감은 바로 반감될 것입니다. 반대로 스태프의 비주얼 콘셉트와 애티튜드가 공간의 무드를 더욱 극대화시킬 수도 있습니다.

매우 정적이고 차분한 콘셉트의 공간에서 굉장히 시끄럽고 분주하며, 하이톤의 목소리를 가진 스태프가 끊임없이 설명을 한다면 그 공간의 무드를 충분히 느낄 수 없을 것입니다. 반대 경우도 있을 수 있습니다. 유명 매장들은 특히 이 부분에 신경 쓰고 있습니다. 브랜드 콘셉트를 스태프가 잘 이해하고 표현해야 찾아오는 소비자가 그 스태프를 신뢰하고, 상품을 구매할 가능성이 높아지기 때문입니다.

대표적으로 패션 브랜드 '꼼데가르송Comme des Garcons'의 스태프들은 하나같이 개성 있는 스타일이지만, 특유의 브랜드 콘셉트를 각자가 표현합니다. 해당 브랜드의 의류를 입고 있으면서도 본인들의 개성을 발휘해 브랜드 특유의 아방가르드함을 어필하고 있습니다. 그리고 이는 소비자들에게 매력적인 브랜드 이미지를 심어주고 브랜드에 대한 확실한 신뢰감을 줍니다.

아오야마의 플래그쉽을 방문했을 때 일입니다. 쉽지 않은 콘셉트의 자켓과 하의를 입은, 나이가 조금 있어 보이는 남자 스태프가 핫한 스트리트 브랜드인 '슈프림'의 스냅백과 '나이키' 운동화를 신고 손님들을 매우 친절히 응대해주고 있었습니다. 그 모습은 디자이너 브랜드라고만 생각했던 이 브랜드의 옷이 다른 브랜드와 조화가 가능하고, 연령을 초월할 수 있다는 것을 깨닫게 해준 계기가 되었습니다. 특히 그 매장은 스태프들의 연령대가 무척 다양했는데, 각기 다른 개성 있는 콘셉트로 브랜드의 상품을 소화하고 있었습니다. 모든 스태프가 움직이는 브랜드 콘셉트였던 것입니다.

지금은 없어진 경복궁역 근처의 카페 '일상다반사'를 처음 방문했을 때의 인상도 여전히 남아 있습니다. 국내 카페 혹은 음식점에서 많이 시도하지 않는 인테리어에 끌려 방문했는데, 그곳의 멋진 분위기와 맛있는 티에 정점을 찍은 것은 스태프의 애티튜드였습니다. 공간과 어울리는 조근조근한 톤으로 차와 칵테일에 대해 설명해주고, 그 차를 담아오는 도자기에 대한 질문에도 친절하고 자세하게 설명해주었습니다. 공간과 참 잘 어울렸던 스태프의 정갈한 스타일과 무드는 그곳에 대한 호감을 더욱 증폭시켜주었습니다. 차를 마시는 공간에서 매장 스태프의 도움으로 더 많은 것을 경험하게 되고, 공간에 대한 호감도까지 높아지게 된 것입니다.

마찬가지로 베를린 출장 때 들렀던 한 카페에서 잠시 쉬고 있을 때의 일입니다. 동네 단골들이 주로 찾는 카페에 어색한 이방인처럼 앉아 있던 저와 일행은 상당히 이질적이었지만, 밝게 웃으며 가벼운 인사를 건네고, 사람들과 일상적인 대화를 나누며 음료를 만들던 스태프의 애티튜드는 저희까지 편안하게 해주었습니다. 그녀의 히피 같은 자유로운 분위기도 한몫했을 것입니다.

베를린 카페의 스태프. 공간에 어울리는 스태프의 애티튜드는 좋은 이미지를 심어준다.

'완전 내 취향!'인 공간은 이렇게 만들어진다

오감으로 느끼는
'경험'을 설계한다

앞 장에서 이야기한 비주얼 디자인은 상업 공간에서 아주 중요합니다. 모두 그 부분에 대해서는 잘 인지하고 있기 때문에 공간을 만들 때 콘셉트와 디자인에 대한 시장조사를 많이 하고 고민하여 적용하고 있을 것입니다. 그러나 보이는 것 외에 보이지 않는 부분도 매우 중요합니다. 경험을 중요시하는 현재의 가치소비시대에는 오감을 만족시키는 공간, 더 머물고 싶은 공간, 소비자의 취향을 저격해 다시 가고 싶게 만드는 공간이 판매로 이어질 가능성이 높기 때문입니다.

'온라인으로 대부분의 소비를 할 수 있는 요즘 시대에 오프라인 매장이 꼭 필요한가?' 의문을 가질 수도 있습니다. 리테일러들은 당연히 필요하다고 말합니다. 오프라인 공간은 더 이상 소비의 공간이 아닌, 경험의 공간으로서 진화해나가고 있습니다. 소비자와 소통하고 교감하는 역할을 해야 하기 때문입니다. 공간을 만들고 운영하는 사람들은 소비 패턴의 변화에 빠르게 수긍하며 그에 맞는 공간을 만들어야 할 것입니다. 지금부터 하게 될 이야기가 바로 이 부분에 관한 것입니다.

　　고급 호텔에 들어가면 왠지 모를 럭셔리한 느낌이 들지 않나요? 대부분의 사람들이 그렇게 느끼는 이유는, 높은 천고에 고급스러운 마감재를 사용한 인테리어, 부드럽고 차분한 선율의 클래식 음악, 은은한 향기, 그리고 대리석 바닥에 깔려 있는 카펫의 푹신한 촉감 때문입니다. 그것이 시각, 청각, 후각, 촉각이 종합적으로 만들어낸 '이미지'라는 것입니다. 그리고 호텔리어의 친절한 애티튜드는 서비스를 받는 소비자로 하여금 공간에 대한 긍정적인 이미지를 배가시켜줍니다.

　　이처럼 공간의 모든 디자인, 모든 행위는 소비자에게 전달하고자 하는 콘셉트를 나타내고 판매를 촉진하기 위한 것입니다. 이는 공간을 방문하는 사람들의 다양한 감각기관을 통해 전달됩니다. 이렇게 전달된 다양한 경험들은 시각이나 후각의 잔상으로, 혹은 손끝에 느껴졌던 촉감이나 귀에 익숙한 음악 등으로 남아 기억되고 또 다시 재생되어 공간에 대한 전반적인 이미지로 형성됩니다.

요즘 트렌드인 감성 마케팅은 사람의 오감을 만족시키고 감각기관을 자극해 소비자에게 콘셉트를 이미지화하여 전달하고자 하는 데 목적이 있습니다. 요즘 소비자들은 '그냥 좋고', '왠지 끌리는' 브랜드에 열광합니다. 정확한 이유를 몰라도 상관 없습니다. 공간 역시 마찬가지입니다. 특정 공간에 있을 때 편안함이나 호감을 느낀다면, 공간이 소비자의 감성과 잠재의식을 자극했기 때문입니다.

좋은 것을 더 좋아 보이도록 하기 위해서는 시각뿐 아니라 후각, 청각, 촉각 그리고 미각 등의 모든 감각기관을 자극해야 합니다. 때문에 보이지 않는 요소들에 대한 연구와 소비자에 대한 세심한 배려가 필요합니다. 공간을 방문하는 소비자의 관점에서 생각하고, 매장이 아닌 우리 집에 손님을 초대한다는 생각으로 모든 것을 준비하고 배려해야 합니다.

오랫동안 기억되는 '향기'의 비밀

공간에 대한 첫인상은 시각적인 자극보다 후각적인 자극에 먼저 반응하여 형성됩니다. 공간의 향기는 자칫 시각적인 것들에 비해 중요도가 낮다고 여겨질 수 있지만 공간을 구성할 때 매우 중요한 요소 중 하나이며, 작은 매장의 경우 대형 프랜차이즈 매장들과 공간을 차별화하면서 개성을 잘 표현할 수 있는 요소입니다. 비슷한 콘셉트의 공간들이 각기 다른 이미지로 느껴지는 이유는 공간마다 향기가 다르기 때문입니다.

영국의 핸드메이드 코스메틱 브랜드 '러쉬LUSH'는 스태프들이 직접 매장 앞 욕조에 입욕제를 넣고 물을 부어 배스 용품을 시연합니다. 때문에 입욕제의 향기가 주변으로 강하게 퍼지는데, 그 모습과 향기를 한번이라도 경험한 사람이라면 러쉬 매장이 눈앞에 보이지 않더라도 입욕제의 향기에 러쉬를 떠올리거나 근처에 매장이 있다는 것을 알 수 있을 것입니다.

인간의 감정을 결정하는 75%는 후각입니다. 때문에 소비자가 공간에 머무르는 시간이 길어야 하는 공간은 최대한 '일상의 냄새'를 차단하여 외부와 공간을 분리해야 합니다. 이는 소비자가 그 공간을 최대한 즐기도록 하는 방법입니다. 또한 콘셉트와 어울리는 향기를 사용해 소비자가 매장에 더욱 몰입할 수 있도록 하는 것도 방법입니다.

'교보문고'는 2015년부터 향기 마케팅을 진행했고, 소비자

(위) 영국 핸드메이드 코스메틱 브랜드 '러쉬'.
(아래) '러쉬'의 향기 퍼포먼스.

들의 반응에 따라 여러 번 향을 수정한 끝에 현재 매장에서 판매중인 '책 향The Scent of PAGE'을 만들어냈다고 합니다. '책 향'은 2017년 교보문고 분당점 오픈 이벤트로 상품화되었고, 현재도 교보문고 일부 매장과 온라인 사이트에서 판매 중입니다. 이는 일상의 냄새를 차단하고 공간의 이미지에 맞는 향을 사용하는 것에서 한 단계 더 나아가 개인의 공간에서도 특정한 공간에 대한 기억을 떠올릴 수 있도록 하는 향기 마케팅입니다.

매장의 시그니처 향기를 고려하고 있다면 향기가 공간의 이미지와 어울리는지 가장 먼저 점검해야 합니다. 사람은 외부 자극을 통해 정보를 얻을 때 여러 가지 감각기관이 동시에 자극을 받는데, 이를 '공감각'이라고 합니다. '눈이 즐거운 향기', '맛이 좋아지는 소리' 등 복수의 감각기관을 자극하는 데 있어 효과적인 후각은 공간의 콘셉트와 어울려야 이미지로써 소비자에게 각인될 수 있습니다. 공간과 어울리지 않는 향기는 오히려 부정적인 요소로 인식될 수 있습니다. 친환경적인 이미지의 공간에서 화학적이고 자극적인 향기가 난다면 향기 자체는 긍정적인 느낌을 주더라도 공간과의 어울림에 있어서는 부정적인 영향을 줍니다.

코스메틱 브랜드인 '이니스프리'의 경우 매장 인테리어를 숲과 친환경 요소들로 디자인하고 매장 안의 향기도 숲의 냄새로 채워 콘셉트를 더욱 효과적으로 표현하고 있습니다. 자연의 냄새를 맡으며 소비자들은 과거 신선했던 숲의 기억을 떠올릴 것이고, 그 기억과 함께 건강한 이미지가 브랜드와 결합될 수 있도록 한 것입니다.

후각적인 자극이 중요한 또 다른 이유는 냄새가 구매에 영향을 미칠 수 있기 때문입니다. 특히 여성의 경우 적당히 단 향의 디퓨저를 카운터 주변에 두면 구매를 유도하는 데 긍정적인 효과를 얻는다는 실험결과도 있습니다. 때문에 여성이 타깃인 매장의 경우에는 달콤한 향기로 구매를 자극하는 것도 좋은 방법입니다. 실제로 커피나 티를 마시기 위해 카페에 갔을 때 카운터 주변에 진열된 디저트의 달달한 냄새에 생각지도 않았던 디저트까지 구매했던 경험은 누구나 한번쯤 있을 것입니다. 백화점 지하 식품 코너로 내려가면 가장 먼저 맡을 수 있는 냄새가 갓 만든 빵 냄새 혹은 커피향인 것도 같은 이유입니다. 이처럼 후각은 미각에도 중요한 영향을 미칩니다. 음식이 보이지 않아도 냄새만으로 소비자는 충동적인 구매를 할 수 있습니다.

이처럼 후각이 예민하고 중요한 감각인 만큼 가장 기본적인 것은 청결입니다. 작은 매장이나 지하에 위치한 매장의 경우 환기가 원활하지 않아 퀴퀴한 곰팡이 냄새나 악취 등에 노출될 가능성이 크기 때문에 청결함은 공간의 향기를 관리하는 데 있어 가장 기본적이면서 중요한 부분입니다. 매장 내에 화장실이 있는 경우라면 매장으로 화장실 냄새가 새어나오진 않는지, 화장실에서는 냄새가 나지 않는지 반드시 점검해야 합니다.

구매 심리를 조작하는 템포의 '음악'이 있다?

소비자가 공간에 머무는 동안 어울리는 BGM을 들려준다면 소비자는 공간을 더욱 인상적으로 기억하고, 공간의 콘셉트에 대해 더 완벽히 이해할 것입니다. 이처럼 음악은 듣는 사람과 공간을 연결해주는 장치입니다. 최근에는 단순한 BGM에서 '뮤직 브랜딩music branding'으로 그 역할이 더욱 중요해졌습니다. 더이상 매장 음악은 음원 사이트의 실시간 차트만으로 연출되지 않습니다. 공간을 방문하는 사람들에게 전달하고자 하는 콘셉트의 이해를 돕는 도구로서의 역할을 합니다.

서울 망원동에 위치한 카페 '종이다방'의 입구에는 '다른 손님을 위해 대화는 작은 소리로 해주세요.'라는 메모가 붙어 있습니다. 친구와 수다를 떨기 위해 카페에 간다는 관점에서 보면

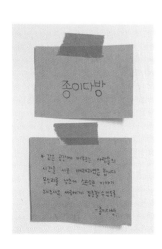

이해되지 않을 수 있지만, 같은 공간에 머무르는 사람들을 위한 배려의 측면에서는 공감이 갑니다. '종이다방'은 작은 규모의 공간 안에 소담하게 연출된 매장과 작게 흘러나오는 LP음악, 타인을 배려하는 마음이 더해져 공간의 콘셉트를 완성하고 있습니다.

길을 걷다가 큰 음악이 새어나오는 매장에 무심코 들어가거나, TV 혹

소담하게 연출된 인테리어와 작게 흘러나오는 LP음악으로 콘셉트를 완성한 '종이다방'.

은 라디오에서 나오는 CM송을 무의식적으로 따라 부르거나, 백화점 폐점시간을 안내하는 음악에 서둘러 계산을 하고 나온 경험은 누구나 있을 것입니다. 이처럼 음악은 주위를 끌기도 하고 정보를 전달하기도 하며, 사람의 심리에 영향을 주어 소비를 부추기기도 합니다.

이런 소비 심리를 이용해서 패스트푸드점이나 분식점, SPA 매장 등과 같이 고객 회전율이 높아야 하는 공간들은 크고 빠른 템포의 음악으로 소비자의 구매 결정과 행동이 빨라질 수 있도록 해야 합니다. 고급 호텔이나 바, 마사지 숍과 같이 고객이 머무르는 시간이 길고, 고비용의 서비스를 제공하는 공간은 거슬리지 않을 정도의 크기에 느린 음악으로 소비자가 공간에 머무를 때 부담을 주지 않도록 해야 합니다.

지나치게 큰 음악을 틀어놓은 공간만큼이나 정적이 흐르는 공간도 좋지 않은 인상을 줍니다. 모든 행동이 소리로 드러나게 되어 행동이 위축되고 마음이 조급해져 공간을 빨리 벗어나고 싶기 때문입니다. 레스토랑에 방문했을 때 적막에 가까운 조용한 분위기가 흐른다면 포크와 나이프를 테이블에 내려놓는 것조차 조심스러워지고, 물을 마시고 음식을 씹어 삼키는 소리마저 크게 느껴져 제대로 식사를 즐기거나 소화를 시킬 수 없을 것입니다. 그리고 그곳을 다시 방문하고 싶지 않을 것입니다. 사람의 청각은 수많은 소음 가운데 듣고 싶은 소리만을 골라서 들을 수 있는 기능을 가지고 있어서 넓고 사람이 많은 카페에서 마주보고 있는 일행과의 대화를 가능하게 합니다. 그러나 주위의 소음이 이러한 청각의 기능을 방해할 정도로 크다면 그곳 역시 다시 찾고 싶지 않은 공간이 될 것입니다.

마찬가지로 작은 규모의 카페나 식당에서는 매출에 대한 욕심 때문에 테이블 사이의 간격을 줄이고 테이블을 추가로 배치하는 등의 실수를 할 수 있습니다. 커피를 마시거나 식사를 하는 동안 옆 테이블에 앉은 사람들의 이야기가 계속 들린다면 일행과의 대화에 집중할 수가 없게 되고, 큰 목소리로 대화를 하게 되어 빨리 지칩니다.

여러가지를 고려하여 공간에 맞는 음악을 선정했다면 공간 안에서 그 음악이 어떻게 들리는지를 확인해야 합니다. 천고가 높고 매장의 규모가 작은 경우에는 공간의 구조적인 문제로 소리에 울림이 생기기 때문에 빠른 템포의 음악은 부적합합니다. 이러한 구조의 카페라면 소음과 음악이 함께 울리는 현상이 생기지 않는지 점검해서 음악을 선정하고 스피커의 위치를 조정하거나 흡음 기능이 있는 마감재를 선택하는 것이 좋습니다. 흡음을 위한 인테리어 방법에는 여러 가지가 있습니다. 성당이나 강당 등에서 볼 수 있는 흡음 도료를 이용한 도색, 천장, 벽 등에 설치하는 흡음보드, 커튼 등을 사용할 수 있습니다. 공간에 어울리는 형태의 방법을 선택하면 됩니다.

노래로 만들어진 정보는 장기적인 기억을 돕고 잠재의식에 쉽게 각인되어 더없이 좋은 정보전달과 홍보효과를 줄 수 있습니다. 그러나 공간에 머무르는 내내 큰 소리로 반복되는 홍보 음악과 멘트를 듣는다면 이는 듣는 사람에게 고문일 것입니다. 정보를 전달하고자 하는 마음은 누구나 똑같겠지만 이를 어떻게 효과적으로 전달하느냐가 중요합니다.

또한 청각은 시각과 함께일 때 미각을 증폭시키는 효과를 줄 수 있습니다. 요즘 미디어에서 많이 등장하는 '먹방'도 마찬가지입니다. 만약 소리 없이 먹는 모습만이 나왔다면 시청자들로 하여금 식욕을 자극하는 효과가 있었을까요? 음식을 만드는 프로그램 역시 지지고 볶는 효과음 없이 조리 과정만이 나왔다면 시연되는 요리를 만들어 보고 싶은 욕구는 현저하게 줄어들

천장에 흡음보드를 설치한 '카페 피크닉'.

었을 것입니다. 오픈 키친처럼 조리과정이 눈에 보이는 공간이 아니더라도 도마소리, 불에 볶거나 굽는 소리만으로도 맛에 대한 기대는 올라가고 식욕은 자극될 것입니다. 식당의 경우, 주방에서 들려오는 소리 역시 BGM으로서의 역할을 한다고 할 수 있습니다.

판매하는 물건에 따라 달라지는 '조명'의 조도

조명은 공간에 시각적 리듬을 부여하고 평면을 입체적으로 보이게 하는 가장 좋은 도구입니다. 조명의 강약에 따라서는 주목도를 높이거나 낮출 수 있고, 사람은 본능적으로 밝은 빛에 끌린다는 점을 이용하면 공간 안에서 사람들의 동선을 자연스럽게 만들어낼 수도 있습니다. 조명의 역할을 가장 쉽게 확인할 수 있는 곳은 전시 공간입니다. 흰 벽에 걸린 그림 작품을 향해 스포트라이트가 비춰지고 관람객들은 그 빛을 따라 자연스럽게 움직이며 작품을 감상합니다.

물론 상업공간에서 필요한 조명이 예술 작품과 같은 역할을 하지는 않습니다. 하지만 조명은 그 자체로 공간을 채우거나 공간을 더 돋보이게 할 수 있습니다. 고급스러운 마감재로 인테리어를 완성했다 하더라도 적절한 조명을 사용하지 못했다면 상품의 장점을 돋보이게 하거나 공간에 입체감을 부여하지 못합니다.

사람들은 대부분 밝은 빛을 선호하는 경향이 있지만 조명이 밝기만 하다고 좋은 것은 아닙니다. 과한 조명은 오히려 눈에 피로감을 주고 신뢰도를 떨어뜨릴 수 있으니 레이아웃에 따라, 혹은 상품이나 공간의 용도에 따라 각각 다른 조명을 사용해야 합니다. 또한 자연 채광도 조명의 역할을 할 수 있으니 채광 정도를 감안하여 낮과 밤의 조명 사용을 달리하는 것도 좋습니다.

조명을 사용할 때 고려해야 하는 부분은 크게 조명의 위치, 색상 등입니다.

조명을 활용하는 방법에는 직접 조명과 간접 조명이 있습니다. 직접 조명은 매장의 전체적인 조도를 조정하거나 상품을 부각하기 위해 사용하는 스포트라이트의 개념입니다. 반면 간접 조명은 조명을 상품이 아닌 벽이나 천장으로 향하게 하거나 집기의 안쪽에 조명을 설치해 빛이 부드럽게 퍼지도록 하는 방식입니다. 간접 조명으로는 입체감과 디자인적인 효과를 줄 수 있습니다.

매장 전체의 조도를 조정하는 주조명은 공간을 구성하기 시작할 때부터 염두에 두어야 하고, 상품을 강조하는 조명들의 경우에는 진열하는 상품의 위치가 정해지면 최종적으로 조정해야 합니다. 공간을 세팅하다보면 처음에 계획했던 것과 조금씩 달라지게 마련이고, 운영하는 중에도 조명을 바꿔야 하는 경우가 많이 생기므로 스포트라이트 형태의 조명은 이동과 탈부착이 가능한 형태의 레일 조명이 사용하기에 편리하고 효과적입니다. 조명의 위치가 세팅된 후에는 조명이 직접적으로 소비자의 눈에 닿는 곳이 없는지 점검하여 최종적으로 위치를 조정하도록 합니다.

다양한 상품들이 진열되어 있는 백화점의 경우, 1, 2층에 위치한 고가의 명품 매장 조도는 고급스럽고 편안한 느낌을 연출해주는 3,000k(켈빈)으로 살짝 노란 빛을 띱니다. 반면, 스포츠나 캐주얼 브랜드의 경우에는 4,000k의 아이보리 빛으로 조도를 조정합니다.

이처럼 우리 주변에서 쉽게 볼 수 있는 공간들도 조도를 조정하여 공간의 이미지를 구성하고 소비자들이 심리적으로 영향을 받도록 의도하고 있는 것입니다. 실제로 약 10년 전에는 3,000k 정도로 조도를 구성하는 것이 일반적이었지만 근래에는 4,000k이 일반적으로 사용되는 등 시대에 따라, 혹은 유행하는 인테리어 무드에 따라 선호하는 조명의 색이 달라지기도 합니다.

앞에서 언급했던 '인스타존'을 구상하고 있다면 사진을 찍었을 때 적합한 조명의 위치와 조도를 잘 계획해야 합니다. 요즘 셀피selfie는 거울을 찍는 형태가 많습니다. 그래서 매장들은 거울에 로고를 붙이기도 하고 화장실이 아닌 공간에 거울을 배치하기도 합니다. 이런 경우에는 사람들이 거울 앞에서 사진 찍는 위치를 예상하여, 거울 주변 천장에는 할로겐이나 스포트라이트를 배치하지 않아야 합니다. 강한 조명이 위에서 아래로 비출 경우 얼굴에 그늘이 지고 음영이 도드라져 사진이 잘 나오지 않기 때문입니다. 직접조명보다는 간접조명이 은은하고, 부드럽게 보이는 효과를 주기 때문에 참고하여 조명의 위치를 정해야 합니다.

자, 이제 피부가 좋아 보여서 소개팅하기 좋은 카페, 사진이 잘 나온다는 백화점 화장실의 조도를 생각해봅시다. 은은한 노란 빛에 어둡지도, 밝지도 않은 정도의 조명이 생각날 것입니

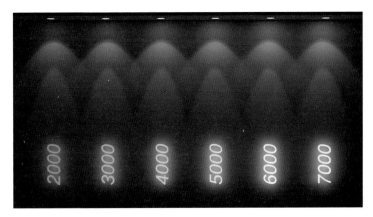

조명의 온도.

다. 이런 조명을 '주백색'이라고 합니다. 주백색은 자연광을 기준으로 아침에 해가 떠서(2,000k) 정오가 되기 전(5,000k~6,000k)까지의 조명으로 따뜻한 흰색 정도로 이해하면 됩니다. 피부가 좋아 보이려면 푸른빛의 주광색보다는 주백색이나 노란 전구색을 사용하는 편이 좋습니다.

조명의 색상은 색온도에 따라 크게 주광색, 주백색, 전구색의 3가지로 표현합니다. 주광색은 푸른 기가 도는 하얀 빛, 주백색은 아이보리 빛, 전구색은 노란 빛을 말합니다. 따뜻하고 편안한 느낌의 전구색 조명은 표면을 부드럽게 보이게 하고 미각에 영향을 주어 카페나 레스토랑, 서비스 공간 등에서 많이 사용합니다. 사실적이고 차가운 느낌의 주백색, 주광색 조명은 공부하는 공간이나 사무실, 회전율이 빨라야 하는 패스트푸드점, 음식을 조리하는 주방 등에 적합합니다. 조명의 색상이나 색온도는 공간의 용도와 콘셉트에 따라 선택해야 합니다. 매장에 조명을 사용할 때에는 1가지 색만을 사용하기보다 색을 섞어서 사용했을 때 공간을 더 다양하게 나타낼 수 있습니다. 전체 조도를 조정하는 주조명과 공간에 따라 다르게 세팅된 조명의 색온도를 조절하면 공간이 분리되어 작은 공간에서도 다양함을 느낄 수 있습니다.

인테리어의 마무리는 조명이라 해도 과언이 아닙니다. 조명에 따라 빈티지한 콘셉트는 더 빈티지하게, 모던한 콘셉트는 더 모던하게 보일 수 있습니다. 그것이 조명이 가진 힘입니다. 때로는 과하게 표현된 콘셉트를 조명이 중화시키기도 합니다. 빈티지한 감성을 모던하게 보이게끔 하기 위해서는 노란 빛을 줄이는 대신 아이보리나 하얀 빛 조명을 사용하면 됩니다. 모던함이 과해 차가워 보이는 경우에는 전체적인 조도를 조금 낮추어 노란 빛과 하얀 빛의 조명을 섞어서 사용하면 됩니다.

또한 공간에 어두운 벽면이 많으면 빛이 흡수되어 더 많은 조명이 필요하게 되고, 이는 조명의 설치와 유지보수 비용에 영향을 주게 됩니다. 작은 규모의 매장에 많은 조명이 사용되면 내부의 온도가 올라가게 되는데, 이 또한 매장의 유지보수 비용에 영향을 줍니다. 때문에 조명은 적절한 위치에 효과적으로 배치해야 합니다.

저가의 캐주얼한 상품을 판매하는 공간이나 패스트푸드점, 캐주얼 다이닝 바dinning bar 등에서는 밝은 조명을 사용하여 소비자의 행동이 빨라지도록 유도해 회전율을 높여야 하고, 마사지 숍과 같이 서비스를 제공하는 공간이나 고가의 상품을 판매하는 공간, 고급 레스토랑 등에서는 간접 조명을 활용한 은은한 빛으로 소비자들에게 편안함을 주어야 머무르는 시간이 길어지도록 할 수 있습니다.

레스토랑에서 주목도를 높이고 미각에도 효과적인 조명을 사용하기 위해서는 테이블 위치에 맞춰 전구색이나 주광색 사이 색온도의 조명을 설치하는 것이 좋습니다. 작은 규모의 카페처럼 테이블마다 조명을 설치하는 것이 힘든 경우에는 음료를 제조하는 바와 디저트가 진열된 카운터 주변을 위주로 조명을 집중시켜 공간 안에서 조닝zoning을 구분하고 진열된 디저트가 돋보이도록 해야 합니다.

평범한 흰색 벽면에 특색 있는 조명으로 포인트를 주는 경우도 있습니다. 공간의 조도를 조절하는 기능적 역할을 하는 동시에 조명 자체가 디자인 요소가 되어 공간에 차별화를 주는 것입니다. 이들은 조명이 공간의 부수적 요소가 아니라는 것을 보여주는 사례입니다.

라운지 바 '장프리고'의 내부 조명 활용 모습. 빈티지 콘셉트의 카페에 페인트로 나타낼 수
없는 빛의 컬러를 더했다.

카페 '리드아트'의 내부 조명 활용 모습. 다소 밋밋할 수도 있는 화이트 컬러 인테리어에 큰
팬던트 조명은 그 자체로 디자인 요소가 된다.

확신을 주는 '촉감'은 따로 있다?

스마트폰의 보급으로 화면을 터치하는 햅틱_{haptic} 기술의 사용이 익숙해지고 터치스크린 방식의 기기 사용이 일반화된 지금 세대를 '촉감의 세대'라고 표현하기도 합니다. 온라인을 통한 쇼핑이 일상화된 상황에서 오프라인 매장이 가진 강점은 상품을 직접 '만져볼 수 있다.'는 것입니다. 실제로 상품을 만져봤을 때 자신이 상상했던 느낌과 촉감이 일치한다면 이미지에 대한 확신을 갖고 기대감이 충족될 것입니다. 소비자가 상품을 자유롭게 만질 수 있도록 하는 것이 오프라인 매장만의 차별화 전략입니다.

반면, 오히려 자유롭게 만지지 못했을 때 효과적인 경우도 있습니다. 바로 '고가의 상품'입니다. 고가의 상품은 만질 수 없을 때 더 고급스러운 것으로 인식됩니다. 주얼리 매장에서 유리로 만들어진 쇼케이스에 고가의 상품을 진열하는 이유 중 하나는 이러한 심리적 요인 때문입니다.

손끝으로 경험한 촉감에 대한 기억은 시간이 지나도 손끝에 남겨집니다. 부드러운 벨벳의 촉감이나 포근한 앙고라 스웨터의 감촉은 상상만으로도 손에 닿은 듯한 느낌을 줍니다. 과거 고급스러운 공간에서 보았던 대리석이나 그 위의 푹신한 카펫, 벨벳 소재로 만들어진 쿠션의 부드러운 감촉은 경험했던 공간의 느낌과 합쳐져 고급스러운 이미지로 굳어집니다.

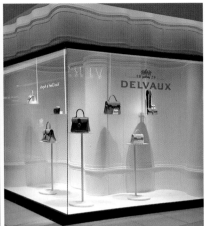

고급 브랜드 '불가리'와 '델보'의 상품 진열.

공간에 계절감을 부여하고, 계절의 변화를 표현할 수 있는 손쉬운 방법도 사용하는 소품의 소재를 바꾸는 것입니다. 여름에는 시원하고 까슬까슬한 느낌의 린넨으로 만들어진 소품을 사용하고 겨울에는 포근한 느낌의 니트나 벨벳 등을 사용하면 가구 전체를 바꾸지 않더라도 계절감을 표현할 수 있습니다.

판매하는 상품의 가격에 따라 사용하는 재질에도 차이가 있어야 합니다. 또한 같은 컬러를 사용하더라도 유광의 재질인지 무광의 재질인지에 따라 확연한 느낌의 차이가 있으니 이것도 고려해야 할 부분입니다. 원목과 우드 시트의 재질은 비슷해 보일 수 있으나 촉감의 차이는 확연하게 느껴지기 때문에 판매하는 상품이 고가일 경우에는 원목을 사용하는 것이 더 좋습니다. 진짜 가죽과 인조 가죽은 시간이 지나면 그 차이를 알 수 있습니다. 진짜 가죽은 시간이 지날수록 부드럽고 자연스러운 사용감이 더해져 가죽 특유의 느낌이 나고 인조 가죽은 오래 사용해도 처음과 비슷한 상태를 유지합니다. 소품의 소재는 공간의 특성이나 상황에 따라 선택적으로 사용하면 되는 부분입니다.

사람의 인체에서 입술과 손은 가장 예민한 촉각 부위라고 합니다. 카페나 식당의 식기, 냅킨 등 입술과 손에 직접 닿는 것들의 재질은 그래서 더욱 민감하게 점검해야 합니다. 고급 레스토랑이나 호텔 바에서 사용하는 식탁보와 테이블 냅킨은 청결하고 고급스러운 느낌의 면이나 린넨, 화이트 컬러인 경우가 대부분입니다. 이처럼 소비자에게 직접 닿는 모든 것들은 세심하게 선택해야 합니다.

촉각에 직접적인 자극을 주는 커트러리 소품. 컵 받침, 빵 접시, 빈티지한 무드를 더해주는 이 나간 잔까지 재질이 모두 다르다.

푸른 나무가 보이는 큰 창이 공간의 깊이를 더하는 '맛차차'.

'미각'을 살아나게 하는 '공간'

카페나 식당의 공간 인테리어에서 모든 것의 기준은 우리가 제공하는 음식이 공간 안에서 '맛있어 보이는가?'입니다. 아무리 특색 있고 차별화된 공간이더라도 기본적인 '맛'이 없어 보인다면 그곳은 좋은 공간이라 할 수 없습니다. 그러나 좋은 공간이 넓고 세련된 현대식 공간만을 말하는 것은 아닙니다. 오래된 '원조 맛집'의 허름함도 맛을 풍요롭게 하는 공간의 역할에 충실하다 할 수 있습니다.

공간은 그 안에 담겨지는 내용물을 더 좋아 보이게 하는 큰 그릇과도 같아야 하고 내용물과 그릇은 서로 조화롭게 어울려야 합니다. 아무리 좋아 보이는 것들이라도 서로 어울리지 않는다면 불협화음만 내게 됩니다. 공간의 모든 구성 요소들은 맛있는 것을 더 맛있게 느껴지도록 하는 효과를 줄 수 있어야 합니다.

서울 성수동에 위치한 말차 전문점 '맛차차'는 공간에 들어서는 순간 이미 말차를 마신 것과 같은 느낌을 줍니다. 전면에 큰 유리창을 통해 초록색 잎이 무성한 나무와 잔디가 가장 먼저 눈에 들어오는 이곳에서는 말차의 초록색 이미지가 자연 그대로의 컬러로 드러납니다. 공간 안에서 말차가 설명되는 것입니다.

큰 유리창으로 보이는 초록 숲의 모습이 무대처럼 느껴지는 것은 좌석의 배치와 관계가 있습니다. 숲을 향해 일렬로 배치된 좌석은 일행과 같은 곳을 바라볼 수 있도록 되어있습니다. 때문에 이 공간을 경험한 사람들은 누구나 숲을 볼 수 있고, '말차'라는 단어를 들으면 그 초록의 공간을 다시 떠올리게 됩니다. 그렇게 공간은 다시 방문하고 싶은 곳으로 기억될 것입니다.

공간의 구조적인 한계나 비용 등 현실적으로 부딪히는 부분들이 있다면 인테리어 소품이나 작은 소도구 등으로 원하는 효과를 내는 것을 추천합니다. 망원동에 위치한 젤라토 전문점인 '당도'는 아이스크림이라는 상품의 특성과 이미지를 작은 소품들로 잘 표현한 매장입니다. 아이스크림 콘 모양의 조명과 입간판부터 컵이나 포장 패키지까지 아이스크림의 형태나 이미지를 활용한 다양한 요소들로 공간이 채워져 있습니다. 이는 공간의 구조를 바꾸거나 집기를 제작하는 것처럼 많은 비용을 들이지 않고도 충분히 실행 가능한 것들입니다.

어울리지 않을 것 같은 요소들이 만나 더 큰 효과를 내는 경우도 있습니다. 한옥과 커피의 만남이나 오래된 주택과 이탈리안 브런치 메뉴의 만남은 의외성을 가진 새로운 조합입니다. 한옥이나 오래된 주택의 한국적인 정서가 서양식 메뉴와 만나 빈티지하고 신선한 이미지를 전달하는 것입니다. 세월의 흔적을 간직한 공간은 특유의 깊이 있는 공간으로서 새로운 콘셉트를 만들어냅니다. 이처럼 기존의 것을 모두 없애고 새로운 것을 만들어야 한다는 고정관념을 버리면 성공적인 공간을 만들 수 있습니다.

판매하는 상품 자체를 공간 디자인 요소로 사용한 젤라토 전문점 '당도'.

다시 찾고 싶은 공간에는
티핑포인트가 있다

상품 배치는 과학이다

서비스 디자인의 시작은 소비자의 관점으로 공간을 바라보는 것에서 시작됩니다. 서비스를 제공하는 사람과 받는 사람간의 소통 정도에 따라 소비자는 예상외의 것에 감동을 받거나 불쾌해 할 수 있고 의도하지 않은 방향의 해석을 하기도 합니다. 여기서 주의할 점은 우리가 소비자에 대해 잘 알고 있다고 섣불리 판단해서는 안 된다는 것입니다.

서비스 디자인에는 스태프에 대한 서비스도 포함되어 있습니다. 최종적으로 소비자에게 대면 서비스를 제공하는 스태프가 공간을 점검하다보면 몰랐던 문제가 발견되기도 하고, 우리가 원하는 방향으로 서비스가 제공되고 있는지 더 정확하게 확인할 수 있습니다. 소비자에 대한 작은 배려는 공간의 완성도를 높이고, 스태프에 대한 배려는 좋은 인재들이 머무르고 싶은 공간을 만들어줍니다. 지금부터 소비자와 스태프를 배려하는 마음이 깃든 공간을 위해 그들의 입장에서 공간을 점검해보도록 하겠습니다.

서비스 디자인 과정 중에서 가장 중요한 것은 '페르소나persona'라는 가상의 소비자를 설정하고 그 입장에서 공간이나 서비스를 경험하며 문제점을 파악하고 개선하는 것입니다. 이때 중요한 것은 '소비자의 입장'에서 바라보고 그들의 경험을 디자인하는 것입니다.

매장 안에 상품을 배치하고 소비자의 동선을 파악하기 위해서는 인테리어 도면의 동선에 의지하기보다 직접 매장 입구에 서서 공간을 소비자의 입장에서 경험하는 것이 효과적입니다. 때문에 매장을 오픈할 때나 운영할 때, 집기의 위치나 상품의 위치가 계획했던 도면과 달라지는 경우들은 비일비재합니다. 공간을 만들고 운영하는 사람들은 고객의 동선이 A3 종이가 아닌 현장에 있다는 것을 잊지 말아야 합니다.

상품을 배치할 때에는 공간에도 숨 쉴 틈이 필요하다는 것을 염두에 두어야 합니다. 그래야 작은 공간을 효율적으로 사용하면서 소비자들이 편리한 동선을 만들 수 있고 다시 찾고 싶은 공간을 만들 수 있습니다. 사람은 직접 선택하는 것을 선호하지만 너무 많은 선택권이 주어지면 선택을 포기하려는 경향이 있습니다. 작은 공간 안에 너무 많은 것을 채워 넣으면 공간의 크기에 비해 시각적 자극이 많아지고, 결국 시선이 꽂히지 못한 채 매장만 둘러보고 나가거나 손으로 만져보기는 하지만 구매하지는 않는 소비자들이 많아져, '흐르는 매장'이 되어버립니다.

흐르는 매장이 되지 않기 위해서 고려해야 할 것들이 있습니다. 여성 소비자들의 경우 많은 상품이 진열된 가운데 마음에 드는 상품을 살펴보고, 혼자 생각할 수 있는 공간이 있으면 좋습니다. 매장 안에서 타인에게 방해받지 않는 작은 공간이 생길 수 있도록 주된 동선 외에 서브$_{sub}$ 동선이 만들어지는 상품 배치가 효과적입니다. 이렇게 머무는 공간에는 상품이나 매장에 대한 광고물을 부착하면 더 효율적입니다. 또한 거울의 사용도 공간을 더 넓어 보이게 하며, 소비자의 동선을 유도합니다.

상품 배치 방식은 크게 2가지로 나누어집니다. 수평적 배치와 수직적 배치입니다. 상품 배치 방식에 따라서도 공간의 느낌과 상품의 느낌은 달라집니다. 상품을 수평으로 배치할 경우에는 벽면에 여백이 생기기 때문에 상품이 한눈에 잘 보일 것이고, 공간이 좀 더 넓고 여유 있어 보일 것입니다. 대신 보여줄 수 있는 상품의 수가 수직적인 배치보다는 적을 수밖에 없습니다. 반면, 수직적 배치는 수평적 배치에 비해서는 한눈에 모든 사물이 들어오지 않습니다. 하지만 많은 상품을 보여줄 수 있고, 소비자들에게 상품을 찾는 재미를 주기도 합니다.

또한 상품의 크기에 따라서도 배치하는 위치가 달라져야 합니다. 부피가 크고 무거운 상품을 손에 들게 되면 쇼핑을 할 때 움직임이 불편해지기 때문에 빨리 매장을 나가고 싶어집니다. 따라서 부피가 크고 무거운 상품은 되도록 매장의 안쪽에 배치하는 것이 좋습니다. 크고 무거운 상품이 불가피하게 매장의 앞쪽에 배치된다면 구매를 위해 고른 상품을 계산 전까지 보관할 수 있는 공간을 만들거나 카운터에 두고 소비자가 최대한 공간을 여유롭게 볼 수 있도록 스태프가 도와줘야 합니다. 두 손이 자유로워야 상품을 만지고 시연하면서 구매로 이어질 확률이 높아지기 때문입니다.

작은 공간을 잘 활용한 케이스로는 살롱문화의 선두주자라 할 수 있는 독립서점 혹은 동네책방이 있습니다. 규모가 작은 동네책방에서는 대형서점만큼 다양한 책을 진열할 수 없고 광고 POP를 부착하거나 책의 앞면이 보이도록 진열할 수도 없습니다. 때문에 책에 대한 간단한 서평이나 기억에 남는 글귀들, 그리고 대중적으로 알려지진 않았지만 추천할 만한 책을 소개하는 내용을 선반이나 책 앞면에 부착하여 소비자들의 구매에 도움을 주는 가이드로서 활용합니다. 이는 대형서점과 차별화된 동네책방만의 큐레이션curation을 보여주는 좋은 도구입니다. 작

동네책방의 손글씨 큐레이션.

은 메모지 한 장은 크지 않은 공간에서 판매자가 전달하고자 하는 메시지를 효율적으로 전달하는 도구입니다.

암스테르담에 위치한 슈퍼마켓 '빌더 앤 데 클레르크Bilder&De-Clercq'는 한정된 공간에 상품을 큐레이션하는 방식으로 참고하면 좋은 곳입니다. 이곳은 대부분의 슈퍼마켓이 상품을 진열하는 방법인 품목별 상품 구성이 아닌, 전문가 셰프가 직접 만든 레시피에 해당하는 재료를 함께 매대에 구성하는 방식으로 상품을 진열합니다. 빌더 앤 데 클레르크는 1인 가구 비율이 증가하고 있으며 집밥을 선호하는 네덜란드에서 '밀박스maaltijdbox'의 인기가 급상승함에 따라, 오프라인 매장에서도 조리에 필요한 재료를 계량하여 판매하는 공간으로 판매 방식에 변화를 준 매장입니다. 상품 판매 방식의 변화는 상품을 진열하는 방식의 변화로 이어지게 되고, 이는 공간의 차별화 요소로 작용하게 됩니다.

그런가 하면 복잡한 동선과 빼곡한 상품 진열로 이슈가 된 매장도 있습니다. 일본의 '돈키호테'나 돈키호테를 벤치마킹하여 오픈한 스타필드 코엑스의 '삐에로쑈핑'입니다. 돈키호테는 초저가 상품 판매와 심야 쇼핑 등을 통한 차별화 전략과 더불어 복잡하고 빼곡한 진열 방식으로 이슈가 되었습니다. 이런 방식은 매장 전체의 동선을 최소화하고 상품을 바닥부터 천장까지 빼곡하게 채우는 방식으로 일명 '압축진열'이라고 불립니다. 대부분의 매장에서 가장 많이 판매되는 상품이 매장 전면에 위

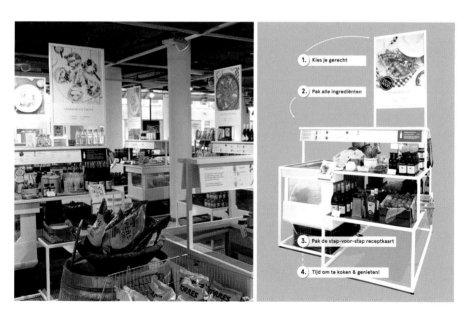

레시피에 해당하는 재료를 소분하여 진열하는 슈퍼마켓 '빌더 앤 데 클레크'.

복잡한 동선과 빼곡한 상품 진열로 이슈가 된 '삐에로쑈핑'.

치한다면 돈키호테는 안쪽에 베스트 상품을 진열하여 소비자를 매장 안까지 끌어들이고 매장에 머무르는 시간이 늘어나도록 운영하고 있습니다. 그들은 복잡한 상품 진열 방식을 사용하면서도 유아용품이나 캐릭터 상품 선반의 폭은 낮춰서 아이가 그 상품들을 잘 볼 수 있도록 하는 등 나름의 서비스 디자인을 선보이고 있습니다. 돈키호테의 다카오 회장은 매장을 밀림이나 정글처럼 만들어 소비자가 탐험하듯 매장 안을 둘러보고, 빼곡한 상품들 사이에 머무르는 시간을 늘려 더 많은 상품을 구매하도록 유도했습니다. 이는 공간의 규모가 크고 상품의 종류나 수가 많은 돈키호테 외에 작은 공간의 매장에도 적용할 수 있는 부분입니다.

소비자의 동선까지 디자인하는 공간

소비자의 동선을 유도할 때에는 모든 것을 말이나 글로 설명하지 않아도 이해할 수 있도록 해야 합니다. 매장 문의 경우에도 '당기시오', '미시오'라고 일일이 표기하는 방식보다 손잡이의 모양을 당길 수 없게 만들어 밀게 하거나 당길 수 있는 손잡이를 만들어 소비자가 자연스럽게 당기도록 하는 것이 좋습니다. 문을 열고 닫는 방향에 따라서 상품이나 테이블의 위치가 달라지고 매장 안의 동선이 달라질 수 있으므로 사소해 보이는 문의 방향도 치밀하게 계획해야 합니다.

문은 공간을 처음 방문하는 소비자가 찾기 쉽도록 만들어져야 합니다. 디자인을 위해 전면을 통유리나 폴딩도어 등으로 만든 경우, 매장의 입구를 파악하기 어려워 헤매거나 엉뚱한 곳으로 들어가려고 시도해 머쓱해지는 경우가 있습니다. 최대한 공간의 전체적인 디자인 의도를 벗어나지 않으면서도 방문하는 사람이 알기 쉽고, 공간 활용에 적합한 출입구의 위치를 정하고 디자인 하는 것이 좋습니다. 다만 공간의 콘셉트 상 출입구가 명확하지 않다면 디자인을 해치지 않는 선에서 텍스트나 POP 등으로 안내해주도록 합니다.

출입구과 마찬가지로 계산을 하는 '캐시 카운터$_{cash\ counter}$'의 위치도 알기 쉽게 만들어야 합니다. 패스트푸드점 같은 셀프서비스 매장이나 대형서점, SPA 매장의 경우 계산하는 위치를 알기 쉽게 직접적으로 표시하는데, 작은 규모의 한정된 공간에서는 POP나 사인sign 등으로 위치를 표시하는 데 한계가 있으니 카운터의 위치나 디자인 자체를 알기 쉽도록 하는 것이 좋습니다. 셀프 서비스로 운영되는 카페의 경우 카운터나 음료를 제공받는 픽업 데스크pick up desk, 반납하는 리턴 데스크return desk 의 위치가 혼동되는 경우가 있습니다. 큰 데스크 하나의 구획을 나눠 용도를 달리하는 경우라면 소비자가 알기 쉽게 위치와 용도를 텍스트로 표시하거나 집기 등으로 구분해줘야 합니다.

　카운터가 입구에 있을 경우 들어오거나 나가는 사람들의 동선이 부딪히지 않는지 점검하여 매장의 입구가 혼잡하지 않도록 해야 합니다. 또한 카운터 주변에 너무 많은 상품이 있으면 계산을 하는 사람과 상품을 보는 사람이 모이게 되고, 매장 내에서 카운터 주변으로만 사람이 몰리는 현상이 생길 수 있으니 주의해야 합니다.

　또한 대부분의 운영자들은 좀 더 다양한 상품을 진열하고 좀 더 많은 테이블을 채워야 매출을 높일 수 있다는 생각에 동선을 고려하지 않고 블록을 쌓듯 공간을 구성합니다. 처음에는 콘셉트를 가지고 동선을 만들다가도 시간이 지나면서 상품들이 하나씩 늘어나 결국 숨 쉴 틈 없이, 매장 가득 상품이 채워지는 경우도 있습니다. 여기서 중요한 것은 상품의 수나 테이블의 수가 매출과 비례하지는 않는다는 것입니다.

도쿄의 '메종 마르지엘라'는 매장 입구로 향하는 동선을 발자국 모양의 페인팅으로 위트 있게 연출했다.

카페나 식당의 경우도 마찬가지입니다. 작은 공간에 빼곡하게 붙어 있는 테이블은 음식을 먹거나 이야기를 할 때에 불편하고, 주방 바로 앞까지 배치된 테이블은 음식을 먹는 내내 스태프들이 손님의 등 뒤로 지나다니게 되는 불상사를 만듭니다. 이렇듯 일행과의 대화가 어렵고, 편안한 식사가 힘든 공간은 다시 방문하고 싶지 않은 공간으로 기억되고 소비자에게 한번 각인된 인식을 바꾸는 것은 매우 어려운 일입니다.

여유 있고 쾌적하게 상품을 보거나, 차를 마시며 오랜 시간 머무르길 바라는 공간이라면 상품이나 테이블 사이에 1,200mm 이상의 공간을 유지해야 합니다. 그러나 좁은 공간에서의 동선 확보는 다소 어려울 수 있으니 머무르는 곳과 상품을 구입하는 곳, 혹은 테이블 간의 간격에 대한 선택과 집중이 필요합니다.

예를 들어 수평적 공간에서는 중앙에 테이블 하나만을 배치한 것이 콘셉트일 수 있습니다. 이런 경우에 소비자들은 탁 트인 공간을 통해 개방감과 함께 시원한 시각적 효과를 느낄 수 있고, 더불어 많이 움직이지 않아도 테이블, 벽 등 공간의 구성을 쉽게 파악할 수 있습니다. 시선이 집중될 수 있는 조명이나 꽃, 메인 상품 등을 추가로 디스플레이한다면 무드를 더욱 깊어지게 해주는 효과를 줄 수 있습니다.

반대로 수직적으로 많은 상품을 배치하여 동선을 좁게 만든다면 공간의 구성이 시야에 다 들어오지 않고 복잡해 보일 수는 있지만, 고객이 빠르게 상품을 구경하도록 하여 회전율을 높일 수 있습니다. 좁은 공간에서 나만의 취향을 발견하는 소소한 기쁨을 느낄 수도 있습니다.

상품을 배치하는 것과 동선을 짜는 일은 공간의 이미지에도 영향을 주지만 소비자의 쇼핑 형태와 심리에 영향을 주는 중요한 부분이기 때문에 다양한 시뮬레이션을 통해 그 공간을 방문하는 소비자에게 맞는 최적의 방법을 찾아야 합니다.

매장 안에 죽은 공간이 생기지 않도록 하기 위해서는 소비자의 시선이 머무를 수 있는 요소들을 곳곳에 배치하고, 매장 입구부터 안쪽까지 들어오는 동안 숨어 있는 상품을 찾아보는 재미를 부여해야 합니다. 마치 숨바꼭질 놀이를 하듯이 말이죠. 매장 입구에 배치된 상품이 구매로 이어질 확률이 떨어진다고 느껴진다면 반복하여 상품을 배치하거나 그 상품에 대한 홍보물을 매장 안쪽에 부착하는 것도 좋은 방법입니다.

작은 공간은 큰 공간에 비해 상품을 배치하거나 동선을 만들 때 선택의 폭이 좁은 경우가 많습니다. 그러나 '상품은 이렇게 배치해야 한다.', '테이블은 이렇게 세팅되어야 한다.' 등의 선입견이나 기존 매장들의 루틴들과는 다른 새로운 방법을 시도해 볼 필요는 있습니다.

제주도에 있는 '만춘서점'은 휜 삼각형 모양의 작은 건물에 위치한 책방으로 가구를 이용해 공간을 분리하고, 분리된 공

수직적 상품 배치.

수평적 상품 배치.

간에 책, 문구, LP 등 다양한 상품을 효율적으로 배치했습니다. 대게 작은 공간은 넓어 보이도록 하기 위해 벽면에 높이가 높은 가구를 배치하고 중앙에 낮은 테이블이나 집기를 배치하는 형태가 대부분입니다. 그러나 이런 방식은 공간을 넓어 보이게 하는 데는 효과적이지만 작은 공간이 한 눈에 모두 들어와 호기심을 유발하거나 오랫동안 공간에 머무르게 하는 데는 불리합니다. 만춘서점은 작은 공간임에도 불구하고 중앙에 가구를 배치하여 공간을 분리하면서 자연스럽게 상품을 수직적으로 배치하였습니다. 입구부터 매장 안쪽까지 가구의 배치에 따라서 효율적인 동선이 만들어지자 소비자가 좀 더 오랫동안 공간에 머물 수 있는 환경이 형성되었습니다. 또한 각각의 공간에 종류가 다른 품목을 배치하여 상품의 구성이 풍부하게 느껴질 수 있도록 하였고, 매장 바깥에는 의자를 배치하여 잠시 앉아 책을 읽거나, 사진을 찍거나, 매장 안에 사람이 많을 때는 기다린 후 들어갈 수 있도록 하는 등 공간의 안과 밖을 효율적으로 구성했습니다. 선택과 집중을 통한 상품 큐레이션과 효율적인 공간 활용이 돋보이는 구성입니다.

카페 '오프셋Offset'은 계단실이 있는 건물의 1층 공간을 활용한 곳으로 작은 공간을 활용하여 테이블을 배치했습니다. '간격을 두다.'라는 공간의 콘셉트에 맞춰 공간을 온전히 느낄 수 있도록 외부와 간격을 둔 입구가 눈에 띄는 곳입니다. 폭이 좁고 깊은 공간의 경우, 외부에서 공간 내부가 잘 보이지 않아 장사나 입구에 많은 것을 표현하거나 테이블을 최대한 세팅하는 경우가 많습니다. 반면 오프셋은 공간을 구성할 때 콘셉트를 표현하는 것에 집중하여 일명 '창가 자리'를 과감히 배제하고 조약돌과 물로 창가를 연출하였습니다. 이런 결정이 별것 아닌 것처럼 느껴질 수도 있지만 공간을 운영하고 수익을 창출해야 하는 입장에서는 꽤나 과감한 선택이 아닐 수 없습니다.

삼각형 모양의 모퉁이 책방인 '만춘서점'. 높은 책장 등 가구를 활용해 사람들이 좀 더 오래 머물 수 있는 공간을 만들었다.

과감하게 창가 자리를 없애고 조약돌과 물로 창가를 연출한 카페 '오프셋'.

배려는 디테일에서 판가름 된다

카페나 식당을 운영하는 경우에 반드시 필요한 것은 '기다리는 공간'입니다. 보통은 매장 입구 카운터 주변에서 웨이팅을 하거나 출입구 바깥에 서서 안에 자리가 비는지 살펴보며 웨이팅을 하기 때문에 매장에서 나오는 사람들과 기다리는 사람들이 뒤엉키는 경우가 많습니다. 그만큼 웨이팅 공간을 정하는 것은 중요합니다. 매장 입구가 복잡하면 들어오려던 사람은 들어오길 꺼리게 되고, 나가는 사람은 공간에 대한 마지막 인상을 좋지 않게 남길 수 있습니다.

기다리는 사람도 중요하지만 안에서 식사를 하거나 차를 마시는 사람들의 시간도 중요하다는 점을 잊지 말아야 합니다. 웨이팅 손님은 매장 안에서 기다리게 하지 않아야 하고, 안에 있는 사람들이 바로 보이지 않는, 출입문을 살짝 빗겨난 곳에서 기다리도록 해야 합니다. 식사를 하거나 차를 마시는 내내 누군가의 시선을 받는다는 것은 대놓고 '빨리 먹고 나가달라.'는 압박을 받는 것과 같습니다. 때문에 쫓기듯 식사를 하고 대화에 집중할 수도 없을 것입니다. 기다리는 사람들이 눈에 보이지 않더라도 분주한 스태프들의 움직임과 소란한 매장은 충분히 매장이 바쁘다는 것을 알 수 있게 하여 공간의 회전율을 높입니다.

매장 밖에서 차례를 기다리는 사람들의 시간을 효율적으로 보낼 수 있게 하는 것도 중요합니다. 기다리는 시간은 더욱 더

디게 가기 때문에 이 시간을 줄이는 것은 '손님은 기다리는 사람들 중 몇 번째입니다.'라는 스태프의 말 한마디에서 시작합니다. 밖에서 기다리다보면 '혹시 내가 기다리고 있다는 것을 잊었나?'라는 불안감에 휩싸일 수도 있습니다. 때문에 기다리는 사람들에게 메뉴를 고를 수 있게끔 메뉴판을 제공하거나 주문을 받는 등 '할 일'을 주는 것이 좋습니다.

좌식 테이블이 있는 음식점이나 카페에서는 신발을 신고 벗는 공간에 작은 의자와 구둣주걱 등을 배치해 불편함이 없도록 해야 합니다. 이처럼 매장 내에는 스툴stool이나 작은 의자를 놓는 공간이 필요합니다. 의류 매장의 경우, 피팅룸 안에 하의를 입고 벗을 때 앉거나 잠시 짐을 올려놓을 수 있는 도구를 마련하고 피팅룸 밖에는 일행을 기다리는 사람들을 배려하여 잠시 앉을 수 있는 의자를 배치하도록 합니다.

작은 사이즈의 상품이나 화장품 등을 다양하게 구매할 수 있는 매장에서는 '장바구니'를 사용할 것을 권장합니다. 원하는 상품을 장바구니에 담을 수 있어야 두 손이 자유로운 상태로 부담 없이 매장을 이용할 수 있습니다. 물론, 장바구니를 찾느라 소비자의 동선이 꼬이게 되면 쇼핑에 대한 의욕이 저하되기도 하므로 장바구니는 매장 입구, 거울 주변, 카운터 근처 등 소비자의 시선이 쉽게 가는 곳에 중복되게 배치하는 것이 좋습니다.

　최근 남성과 여성의 쇼핑 패턴이 기존의 이론과는 많이 달라진 양상을 보이고는 있지만 기본적으로 타고난 성향의 차이를 인정하지 않을 수는 없습니다. 남성들은 쇼핑을 '운전하듯' 한다고 합니다. 원하는 상품에 대한 구매가 원활하게 이루어지면 만족하고 무언가 번거로운 상황이 발생하는 것을 싫어하는 남성들에게 번거로움은 구매를 포기하는 요인이 되기도 합니다. 남성들의 자발적 쇼핑을 돕는 방법은 스태프의 도움보다 매장 내에 부착된 광고물이나 영상을 통한 정보전달입니다. 대형 마트의 자동차 용품 코너에 가면 쉽게 볼 수 있는 모니터나 시연 장치들은 직접 상품을 시연하고 정보를 수집하고자 하는 남성들의 성향에 맞춰진 것이라 할 수 있습니다.

　여성 고객의 경우 '머무는 공간'이 필요하다는 점을 잊지 말아야 합니다. 이는 여성이 남성에 비해 타인과의 부딪힘에 더 민감하다는 점에 대한 배려입니다. 여성의 경우 공간에 들어서면서부터 끊임없이 공간을 탐색하고 시각적인 흥미를 끄는 것에 반응하기 때문에 공간에 머무는 시간 동안 상품 이외에 흥미를 끌 수 있는 무언가가 필요합니다. 카운터 주변이나 진열대 사이의 공간, 벽면의 빈 공간을 잘 활용하여 흥미를 끌면서 판매에 도움이 될 POP나 이벤트 정보 등을 전달하는 것이 좋습니다.

　고령 소비자의 증가와 1인 가구의 증가도 구매 패턴에 변화를 주었습니다. 나 홀로 쇼핑, 혼밥, 혼술 등 1인 소비자가 증가했고, 경제력 있는 구매가 가능한 소비자의 연령층은 높아졌습니다. 따라서 매장은 고령 소비자들을 위한 편의를 제공해야 하고, 그들의 신체적 특성을 고려한 배려도 필요합니다. 또한 이들은 젊은 소비자에 비해 스태프 의존도가 높을 수 있으므로 스태프를 대상으로 한 서비스 교육 등도 이루어져야 합니다.

고령 소비자나, 스태프의 도움을 원치 않는 1인 소비자를 위해 가격 정보는 잘 보이도록 태그$_{tag}$에 표기하거나 가격 고지 쇼 카드$_{show\ card}$, POP 등으로 고지해야 합니다. 상품의 가격이 궁금하지만 스태프에게 물어보고 싶지 않아 이리저리 가격 정보를 찾다가 흥미를 잃는 소비자도 있기 때문입니다. 상품에 대한 정보도 기본적으로 상품이 진열된 곳에 표기하고, 추가로 설명을 요청하는 소비자에게는 스태프가 설명을 추가하는 것이 부담을 덜어주는 응대 방식이라 할 수 있습니다. 쇼핑하는 시간을 방해받고 싶지 않은 소비자들이 늘어감에 따라 일부 대형 매장에서는 스태프의 도움이 필요 없는 소비자들을 위한 장바구니를 따로 비치하는 경우도 있습니다.

1인 소비자는 방해받고 싶어 하지 않고 짧게나마 혼자만의 시간을 즐기고자 하는 사람들입니다. 따라서 카페나 식당 등에서는 1인 소비자에 대한 배려가 필수적입니다. 1인 소비자를 위한 좌석을 배치하거나 테이블을 일렬로 배치하는 등의 레이아웃부터 1인 소비자를 위한 메뉴까지 다양한 각도에서의 점검이

테이블에 칸막이를 설치해 혼밥족들을 배려한 일본의 '이치란 라멘'.

필요합니다.

일본의 칸막이 식당 '이치란 라멘'은 대표적인 혼밥족을 위한 식당입니다. 마치 도서관을 연상케 하는 칸막이 테이블은 2000년대 초반까지만 해도 다소 엽기적인 공간이라고 평가되기도 했습니다. 이치란 라멘은 자판기로 식권을 구매한 후 안내받은 자리에 앉으면 칸막이 자리 앞에 설치된 발을 열고 주문한 메뉴를 받을 수 있어, 스태프와의 접촉도 최소화한 시스템입니다. 이러한 시스템은 타인과의 불편한 접촉을 최소화하여 혼자만의 식사 시간을 온전히 즐길 수 있도록 배려한 것입니다.

최근 오픈하는 카페나 식당들은 매장 중앙에 10인 이상이 앉을 수 있는 큰 테이블을 놓고 그것을 중심으로 사이드에 작은 테이블을 놓거나, 테이블의 방향이 외부를 볼 수 있는 창을 향해 일렬로 놓인 경우가 많습니다. 이는 일행이 없는 소비자도 자리에 앉을 수 있게 하고, 매장을 운영하는 입장에서도 효율성을 높일 수 있는 좋은 방법입니다. 위스키바, 와인바 등에서 사용됐던 바 테이블이 카페에도 적용되면서 소비자들이 커피나 음료를 만드는 바리스타의 모습을 보고, 스태프와 유대관계를 쌓으며 공간에 대한 좋은 경험을 하도록 하는 구성도 많이 생겼습니다.

한편, 작은 규모의 카페나 식당에는 대체로 가방이나 외투 등을 놓을 수 있는 여분의 의자나 공간이 없습니다. 가방은 외투와 달리 중요한 소지품이 들어 있는 경우가 많으므로 테이블 밑

바 테이블 구성의 카페 '물나무다방'.

에 놓을 수 있는 바구니를 비치하거나 테이블에 고리를 부착해 가방을 걸어 놓을 수 있도록 해야 합니다. 두꺼운 외투를 입는 겨울이 되면 동선을 방해하지 않는 곳에 작은 행어hanger를 비치해 자리에 앉기 전에 외투를 먼저 벗고 움직이도록 하는 것이 좋습니다. 또한 비나 눈이 오는 날 물이 뚝뚝 떨어지는 우산을 바닥에 놓게 되면 바닥이 미끄러워 넘어지거나 다른 사람들에게 불편을 줄 수 있으니 우산 꽂이도 비치하여 사용하도록 합니다.

매장 내부에 화장실이 이미 있는 경우에는 배수관이나 정화조 등 공간의 구조적인 부분을 제일 먼저 점검해야 하고, 새롭게 만드는 경우에는 동선을 점검하여 위치를 정해야 합니다. 화장실의 위치는 알기 쉽게 하는 것이 좋지만, 카페나 식당 등에서는 매장 전면에 화장실이 노출되면 자칫 불쾌하거나 민망한 상황에 놓일 수 있습니다. 주방 옆이나 주방을 마주본 곳에 화장실이 위치한 경우에는 화장실을 이용하는 사람들에게 주방이 노출될 가능성이 높고, 주방을 오고가는 스태프와 동선이 겹쳐 불편을 줄 수도 있으니 구조적인 문제로 주방 근처에 화장실이 위치하더라도 문의 방향이나 입구의 위치 등을 조절하여 불편함이 없도록 해야 합니다.

누군가의 집을 방문했을 때 그 집의 화장실을 보면 그곳에 사는 사람들의 성향과 위생 상태를 알 수 있다고 합니다. 이는 상업 공간에서도 마찬가지입니다. 화장실은 매장의 콘셉트를 유

지하면서도 청결해야 합니다.

　화장실 용품 중에서 핸드 워시는 펌프형의 용기를 사용하거나 디스펜서를 사용하는 것이 위생상, 그리고 사용하는 사람의 심미적, 심리적 관점에서 고체 비누보다 낫습니다. 고체 비누의 경우 이전에 사용한 사람과도 접촉이 된 상태인 데다가 화장실 공기에 오랫동안 노출되어 있었으므로 위생적인 느낌을 주지 못합니다. 핸드 타월은 일반 수건이 아니라 일회용으로 사용하는 것이 위생적이며, 핸드 드라이어도 좋습니다. 핸드크림을 따로 비치하는 것도 좋은 방법입니다. 필수적인 것은 아니지만 이런 사소한 배려가 소비자들의 마음을 움직일 수 있으니, 공간에서는 작은 물건 하나하나에도 신경을 써야 합니다.

화장실 비품을 선택할 때도 소비자의 입장에서 생각해보아야 한다.

스태프는 첫 번째 소비자

매장의 첫 번째 고객은 '스태프'입니다. tvN 예능 프로그램 '강식당'에서 백종원 요리연구가가 출연자들에게 한 이야기가 이를 잘 설명해주고 있습니다.

"서빙하는 직원이 먹고 싶으면 그 가게는 대박 나요."

매장의 상품이나 음식을 가장 먼저 접하는 스태프의 눈에 좋아 보인다면 그것은 소비자의 눈에도 좋아 보일 것입니다. 스태프야말로 가장 먼저 상품을 시연하고, 음식을 시식하고, 커피를 시음하여 피드백을 줄 수 있는 소비자인 셈입니다. 내가 일하는 매장의 상품에 대한 신뢰와 애정이 있다면 그것은 스태프의 입을 통해 소비자에게 전달되고 그들의 행동 하나하나를 소비자는 느끼게 됩니다. 일하는 공간에 애정이 많은 스태프는 프라이드가 강해지고, 그만큼 자신감 있고 책임감 있게 행동하게 됩니다.

매장을 직접 운영하는 경우에는 소비자와의 직접적인 접촉을 통해 정보를 수집하지만, 여러 매장을 운영하거나 스태프들을 통해 매장을 운영하는 경우에는 소비자와의 소통 창구가 스태프입니다. 소비자에게 전달하고자 하는 콘셉트와 메시지가 정확히 전달되고 있는지, 소비자의 피드백이 정확하게 운영진에게 전달되는지 점검할 수 있는 사람이 스태프인 것입니다.

리사이클 상품을 소개하고 되파는 일본의 라이프스타일 숍 '디앤디파트먼트 프로젝트D&Department Project'를 기획한 나가오카 겐메이의 책《디앤디파트먼트에서 배운다, 사람들이 모여드는 '전하는 가게' 만드는 법》에는 매장에 필요한 스태프를 한 줄로 정확하게 표현한 문장이 있습니다. '전문 지식을 가진 붙박이 직원'이 소비자와의 대면 서비스를 제공해야 한다는 것입니다. 이때 중요한 것은 전문지식의 여부입니다. 요즘 소비자들은 웬만한 기획자보다 더 많은 정보를 알고 있거나, 더 많은 경험을 통해 수준 높은 취향을 가지고 있는 경우가 많습니다. 때문에 어설픈 아는 척은 오히려 역효과를 낼 수 있습니다. 서비스 교육도 중요하지만 매장에서 제공하는 상품이나 음식 등에 대한 정확한 정보는 이제 기본입니다. 나아가 관련 분야의 트렌드에 대한 교육까지 필요하게 된 것입니다.

    스태프에게 필요한 애티튜드와 전문지식이 있다면 스태프를 위한 배려도 반드시 필요합니다. 스태프를 배려하기 위한 공간으로는 '스태프 온리staff only'와 '카운터counter'가 있습니다. 스태프를 위해 작은 공간을 할애하는 것, 그것이 스태프에 대한 존중과 배려를 표현하는 방법입니다. 짧게는 몇 시간부터 길게는 하루 종일 같은 공간에 머물러야 하는 스태프들에게는 잠시 휴식을 취하고 개인 소지품과 옷을 보관할 수 있는, 분리된 프라이빗private 공간이 필요합니다.

    카운터는 계산을 하는 공간인 동시에 스태프가 매장을 관리하기 위한 일련의 작업을 하고, 손님을 맞이하는 곳이므로 카운터의 앞면은 소비자의 입장에서 제작하되 카운터의 뒷면은 스태프를 중심으로 제작되어야 합니다. 공항 카운터와 일부 SPA 브랜드 매장의 카운터에는 작은 선반이 부착되어 있습니다. 소비자가 계산을 하거나 예약을 확인하는 과정에서 손에 든 짐을 잠시 내려놓을 수 있도록 배려한 서비스 디자인입니다.

    요즘 대부분의 매장은 컴퓨터 POS 시스템으로 관리되므로 카운터에서 데스크탑 컴퓨터를 사용할지, 노트북을 사용할지도 결정해야 합니다. 어느 정도 위치에 어떤 방법으로 놓을지도 정해야 하는데, 카운터에 놓을 여러 가지 비품 가운데 가장 부피가 크고 빈번하게 사용하게 될 예정이므로 불편함이 없도록 해야

(위) '초판서점'은 매장 내부를 가벽으로 구분하여 스태프들만의 공간을 구성했다.
(아래) 매장 내 스태프들을 위한 공간 '스태프 온리'.

합니다. 모니터를 매입형으로 하느냐 노출형으로 하느냐에 따라서도 카운터의 디자인이 달라지므로 전체적인 공간 디자인과 어울리는 형태를 선택해야 합니다.

카운터 뒷면에는 스태프의 편의를 위해 서랍과 칸막이가 구분되어야 합니다. 우선 매장을 운영하는 데 필요한 비품과 물건들을 정리하고 그것들이 있어야 할 위치를 정하는 것이 좋습니다. 카운터 서랍 중 일부는 스태프의 휴대폰이나 작은 소지품을 보관할 수 있도록 하되 부피가 크고 자주 사용하지 않는 것들은 스태프를 위한 공간에 두도록 합니다. 공간의 구조 상 카운터의 위치가 소비자에게 잘 보일 경우 문이나 덮개가 있는 서랍과 칸막이로 디자인하고, 최대한 카운터가 지저분하지 않도록 정리합니다. 소비자의 눈은 공간의 어느 곳으로든 향할 수 있기 때문입니다.

취향에 공감하고,
경험과 교감할 때 상품은 저절로 팔린다

'살롱'의 부활

모든 공간에서는 소비자의 재방문이 중요합니다. 기업에서 브랜드의 충성도를 높이기 위해 끊임없이 노력하는 이유도 기존 소비자의 충성도를 높이는 것이 신규 소비자를 유치하는 것보다 비용 면에서 효율적이기 때문입니다. '충성도'라는 말이 다소 딱딱하게 들릴 수 있지만 바꿔 말하면 한번 온 사람을 계속 오게 하고, 다른 공간보다 신뢰할 수 있도록 만드는 것입니다. 한마디로 한 번 방문했던 공간을 선택지 중 우선순위에 두는 것이라 할 수 있습니다.

요즘 소비자들에게는 너무나 많은 선택지가 있습니다. 그래서 '충성도'를 유지하는 것이 점점 더 어려워지고 있습니다. 하나의 상권 안에 같은 업종이 수두룩한 이런 상황에서 소비자들에게 매력적으로 보일 수 있는 방법 중 하나가 바로 '공간 마케팅'입니다.

한 번 온 사람을 다시 오게 만들기 위해서는 상품이나 음식 메뉴의 차별화만으로는 한계가 있습니다. 지금부터는 본질을 흐리지 않으면서 한번쯤 시도해볼 수 있는 매력적인 공간 마케팅 콘텐츠들에 대해 알아보도록 하겠습니다.

혹시 '독립서점'에 가본 적 있나요? '살롱 문화'의 부활이 이루어지는 공간의 중심에는 '독립서점' 혹은 '동네서점'이라고 불리는 작은 책방이 있습니다. 지역의 랜드마크 역할을 하던 예전의 동네서점은 대형서점과 온라인서점에 밀려 사라지거나 겨우 명맥만 유지하는 상황이 되었습니다. 대신 새로운 형태의 동네서점이 하나의 문화 콘텐츠로 부활하게 된 것입니다. 이는 책을 읽는 문화에 대한 대중의 관심이 높아졌고, 서점이라는 공간이 판매의 공간에서 나아가 커뮤니티를 형성하는 장으로 거듭났기 때문입니다.

동네서점은 대형서점에서 잘 보이지 않던 책들을 개성 있게 큐레이션하고, 매니아를 형성하기 시작하면서 그들을 위한 저자 강연이나 작은 공연, 원데이 클래스 등으로 꾸준히 소비자와 소통하였습니다. 이러한 활동은 SNS를 통해 빠르게 전파되어 하나의 문화로 자리매김하게 되었습니다. 이러한 일련의 과정은 소비자가 구매자를 넘어서 공간에 참여하고, 공간의 '팬덤'을 형성하게끔 하는 일종의 마케팅 활동이라 할 수 있습니다.

일본의 라이프스타일 매장 중 하나인 '라 카구la kagu'는 의, 식, 주에 지知를 더한 큐레이션 숍입니다. 이곳은 유행을 따르지 않고, '오래전부터 있던 물건', '생활상의 소중한 물건'에 대한 가치를 중요시 여기는 콘셉트로 패션, 잡화, 카페, 가구, 책, 강연 공간에 각각 전문 디렉터를 배치해 큐레이션한 숍입니다. 쇼와 40년(1965년)에 지어진 신조사의 창고 자리에 위치한 이 매장은 외관은 물론 신조사의 서가로 사용되던 책장을 그대로 사용하고 신조사문고의 책 3,000권도 함께 비치했습니다. 북 토크쇼나 워크숍도 주 1~2회 꾸준히 진행하고 있습니다. 또한 디렉터들의 지속적인 큐레이션으로 그들이 직접 사용해보고 추천하는 좋은 물건을 한발 앞서 소개하고 있습니다. 이는 출판사업과 라이프스타일 기업의 새로운 모습으로 라이프스타일 매장의 롤모델이 되었습니다.

공간 마케팅은 비단 서점만의 이야기가 아닙니다. 꽃과 화분을 판매하는 화원에서는 평일 저녁 시간대 혹은 주말에 취미생활을 원하는 사람들을 대상으로 원데이 클래스를 열거나, 꽃과 어울리는 캔들이나 디퓨저, 왁스 타블렛 등을 만드는 클래스

일본 라이프스타일 매장 '라 카구' 외관과 내부의 강연장.

를 열어 공간에 활기를 불어넣을 수 있습니다. 브런치 카페나 식당 등에서는 평일 3~5시 브레이크 타임을 활용하여 쿠킹 클래스를 열고, 와인을 판매하는 레스토랑에서는 평일 저녁 시간대에 와인 클래스를 운영하는 등 공간의 성격에 맞게 다양한 프로그램을 만들 수 있습니다.

이처럼 소비자가 직접 참여할 수 있는 프로그램들이 생겨남으로써 공간은 차별화 될 수 있습니다. 이러한 활동들은 이벤트 성으로 운영하기보다 소비자의 반응에 맞춰 프로그램을 수정하며 지속적으로 진행되어야 합니다. 지속적으로 콘텐츠가 활성화되고 확대되어야 소비자의 흥미를 끌게 되고, 소비자에게 공간에 대한 확실한 인상을 심어줄 수 있습니다.

내 집 앞의 작은 '갤러리'

예전에는 '전시회'가 이해하기 어렵거나 어딘가 어색하고 불편해 일부 사람들만이 즐기는 문화였다면, 요즘은 기업이나 브랜드에서 문화 콘텐츠를 활용한 마케팅을 활발하게 진행하면서 '전시회'가 일상으로 들어오게 되었습니다. 전시회의 규모도 다양해져서 예술의 전당이나 국립 현대미술관처럼 큰 공간이 아닌 매장 내 벽면이나 작은 공간에서도 이런 분위기를 충분히 연출할 수 있습니다.

패션 브랜드의 경우 매장 벽면 윗부분에 빈 공간을 활용해 사진작가나 일러스트 작가들의 작품을 전시하기도 하고, 매장이 아닌 별도의 공간에서 전시회를 진행하면서 관련된 상품을 제작해 마케팅과 판매를 연결하기도 합니다. 그렇게 제작하는 상품의 판매율은 높지 않지만 그럼에도 불구하고 그들이 다양한 작가들과의 아트 콜라보레이션을 진행하는 이유는 소비자에게 다양한 자극을 주어 브랜드가 식상해지는 것을 방지하고, 예술적 감도가 있는 브랜드로 자리매김하기 위해서라고 할 수 있습니다. 브랜드 차별화 전략으로 '문화 콘텐츠'를 사용한 것입니다.

그런데 이런 경향은 비단 기업이나 브랜드에만 해당되는 것이 아닙니다. '커먼그라운드COMMON GROUND' 복합쇼핑몰에는 '인덱스Index'라는 서점과 북카페가 있습니다. '포스터를 파는

전시회장 느낌의 디스플레이를 고려한 북카페 '인덱스'.

서점'이라는 독특한 콘셉트에 맞게 2층 카페 벽면에는 포스터가 전시되어 있습니다. 카페 자체는 넓은 공간이 아니고, 인테리어가 아주 특색 있는 것도 아니지만 빈 벽면을 활용해 액자를 걸고, 전시하는 포스터 작가에 대한 브로셔를 비치해놓음으로써 전시회장 같은 느낌을 줍니다. 포스터 액자만으로 하나의 디스플레이 요소를 만든 것입니다.

요즘처럼 SNS를 기반으로 활동하는 일러스트작가나 사진작가가 대중에게 친숙한 상황에서는 그들의 작품을 전시하는 것만으로도 이슈가 될 수 있습니다. 이 공간을 '인스타그램 성지'로 만들 수 있는 효과적인 방법 중 하나인 것입니다. 단, 중요한 것은 그것이 공간의 콘셉트와 잘 어울리는 콘텐츠여야 한다는 것입니다. 앞서 공간 안의 요소들은 모두 한 목소리를 내야 한다고 했던 것처럼 전시 작품의 콘셉트나 무드 역시 공간의 이미지와 한 목소리를 내는 것이 시너지효과를 낼 수 있는 방법입니다. 공간에 어울리지 않는 유명한 작가의 작품을 전시하는 것보다 잘 알려지지는 않았지만, 공간에 어울리는 작품을 선택하여 전시하는 것이 공간에 깊이를 더하는 더 좋은 방법입니다.

2011년 홍대에 오픈한 '땡스북스'는 오픈 이후 지금까지 책과 관련된 행사와 전시회, 음악회 등을 지속적으로 기획하고 있으며 홍대를 좋아하는 사람들의 취향에 맞춘 책을 큐레이션하여 취향이 비슷한 사람들을 불러들였습니다. 이러한 '땡스북스'

2011년 오픈 이후 지금까지 책과 관련된 전시와 행사를 지속적으로 기획하고 있는 동네서점의 시초 '땡스북스'.

의 성공은 수많은 동네서점들이 생겨난 동력이라 해도 과언이
아닙니다. 오픈 당시에는 서점에 책이 없어, 휑한 벽면을 채우기
위해 시작한 전시였지만 현재 매장에서는 쇼윈도 한 면을 전시
공간으로 할애하며 전시를 중요한 콘텐츠로 생각하고 있습니다.
이는 소비자들이 이곳을 재방문하는 중요한 이유입니다.

　　그런가 하면 최근에는 전시와 판매를 함께할 수 있도록 공
간을 기획하는 경우도 생겨나고 있습니다. 성수동에 위치한 카
페 '월서울wall.seoul'은 2018년 8월 오픈 당시부터 현재까지 전문

큐레이터를 통해 기획한 전시를 개최하고 있습니다. 월서울 큐레이터는 전시를 기획할 때 카페 테이블의 배치까지도 달리한다고 합니다. 이것이 다른 갤러리 카페들과 월서울이 차별화 되는 부분입니다. 전시가 바뀔 때마다 벽면 컬러와 동선을 바꾸는 것은 이곳이 전시를 공간의 장식적인 요소 중 하나가 아닌, 공간을 구성하는 중요한 콘텐츠로 생각한다는 것을 보여줍니다.

전문 큐레이터가 전시를 기획하는 카페 '월서울'. 전시를 공간의 장식적인 요소 중 하나가 아닌, 중요한 콘텐츠로 생각한다.

스마트폰으로 경험하는 '멀티채널'

스마트폰을 통한 모바일 플랫폼이 형성되고 확대되면서 개인이 콘텐츠를 생산하고 공유하는 1인 미디어에 대한 관심이 증가하고 있습니다. 유튜버나 BJ들이 공중파 TV 예능 프로그램을 장악하고 연예인들이 1인 미디어의 세계로 뛰어드는 등 주류와 비주류의 경계가 허물어지고 있습니다. 1인 미디어가 대중화됨에 따라 기업이나 브랜드가 그들과 함께 콘텐츠를 만드는 사례도 많아지고 있습니다. 얼마 전 MBC에서는 유명 축구 BJ '감스트'와 2018 월드컵, 2018 아시안게임 온라인 중계를 진행하면서 여러 가지로 화제가 되었습니다. 이처럼 연예인이나 방송인에 비해 친숙하면서도 인지도와 영향력을 가진 크리에이터의 두터운 팬 층을 활용한 마케팅 활동도 점차 확대되고 있습니다.

공간이라는 오프라인 플랫폼과 크리에이터의 만남은 큰 시너지효과를 낼 수 있습니다. 롯데백화점은 SNS 인플루언서와 소통할 수 있는 플랫폼인 '네온NEON'을 오픈하여 오프라인 유통과 온라인 유통을 통합하는 새로운 유통 패러다임을 제시하고 있습니다. 플랫폼의 개발과 더불어 롯데백화점 매장에서는 '촬영 중'이라는 POP를 세워놓고 중국 파워 블로거들을 일컫는 '왕홍'의 촬영을 공식적으로 진행하기도 합니다. 현대H몰 역시 인플루언서 전용온라인 매장인 '훗Hootd'을 오픈했습니다. SNS 인플루언서들의 브랜드 상품을 판매하고 오프라인 매장에서 해당 브랜드의 팝업스토어를 진행하는 등 온라인과 오프라인을 연계하여 지속적으로 확대할 예정이라고 합니다. 영상이나 사진 촬영에 민감했던 백화점 유통이 변화하는 소비시장에 대응하기 위해 공간을 제공하고 있는 것입니다. 이러한 변화는 크리에이터나 인플루언서가 홍보 효과를 넘어 매출에 직접적인 영향력을 행사하는 중요한 요인으로 자리 잡았음을 느끼게 해줍니다.

또한 공간을 찾는 사람들이 SNS에 업로드 하는 사진은 그 어떤 매체보다 직접적이고 효과적인 홍보효과를 낼 수 있기 때문에 이를 적극적으로 활용해야 합니다. 망원동 '자판기 카페' 역시 독특한 입구 디자인이 SNS를 통해 알려지면서 유명해진 경우입니다. 물론 공간을 구성하고 디자인 하는 것이 SNS에 업로드 되기 위해서만은 아니지만, 매장 안에 공간의 콘셉트와 특징을 잘 나타낼 수 있는 '포토 스팟'을 만드는 것은 좋은 방법입니다. 로고나 텍스트가 표현된 벽면, 컬러나 패턴이 그려진 벽면, 특이한 인테리어 소품이나 가구 등을 활용해 공간에 오는 사람들이 인증샷을 찍어 SNS에 업로드 할 수 있도록 한다면 훌륭한 홍보가 될 것입니다.

남성 패션 브랜드인 '커스텀멜로우'는 홍대 매장에서 인디밴드들이 직접 진행하는 인터넷 방송 '민트라디오 H' 공개방송을 진행한 적이 있습니다. 인디밴드의 매니아층을 그들의 오프라인 매장으로 찾아오게 한 것입니다. 나아가 인스타그램에 인증했을 때 사은품을 주고 라디오에 신청곡과 사연을 신청하도록 하는 등 온오프라인을 통한 직접 참여를 유도하여 좋은 반응을 이끌어냈습니다. 이들이 시너지효과를 낼 수 있었던 것은 홍대, 인디밴드, 라디오라는 공간의 이미지와 위치, 콘텐츠가 잘 어울렸기 때문입니다. 만약 홍대 남성 의류 매장에 귀여운 이미지의 틴에이저 걸그룹이 왔다면 그들이 잘 어울렸을지는 의문입니다. 공간에서 이루어지는 모든 행위는 공간의 목적, 콘셉트와 결을 같이 해야만 시너지효과를 낼 수 있습니다.

(위)(왼쪽부터) '하우스 베이커리' 외부, 카페 '나인블럭 뷰' 내부1, 카페 '나인블럭 뷰' 내부2.
(중간) 카페 '미술관옆집' 외부, 카페 '브림커피' 내부.
(아래) 카페 '카페알케미' 내부, 카페 '오르에르' 내부, 카페 '진' 내부.

더 이상 고정된 공간은 없다

대형복합쇼핑몰이나 SPA 매장이 아닌, 작은 규모의 공간에서 판매하는 상품은 콘셉트나 스타일을 정하는 데 한계가 있습니다. 다양한 상품을 구성하고 싶지만 갑작스러운 판매 상품의 변화는 기존 소비자들에게 혼란을 주거나 공간의 콘셉트와 어울리지 않고 겉도는 느낌을 줄 수 있습니다. 그렇다고 단기간에 많은 신규 고객을 유치하는 것도 어렵고, 바뀌는 판매 상품의 스타일에 따라 매번 인테리어 공사를 할 수도 없습니다. 이런 상황에서 공간에 일시적으로 변화를 주거나, 일부 공간에 새로운 스타일을 선보이는 방법이 있습니다. 바로 '플리마켓flea market'입니다.

플리마켓은 원래 중고 물품을 사고파는 장터를 의미하는 말이었지만 최근에는 다양한 셀러나 작가들이 모여서 상품을 판매하는 형태로 바뀌었습니다. 때문에 온라인에서 플리마켓 셀러를 모집하고 적당한 공간을 임대하여 플리마켓을 기획하는 업체도 생겨나고 있습니다. 성수동에서는 몇 년 전부터 카페 공간을 이용한 플리마켓이 열리고 있습니다. 주말을 이용해 카페의 테이블을 없애고 그 공간에서 여러 셀러들의 상품을 판매하는 것입니다. 이때 커피나 음료는 테이크아웃으로 운영합니다. 이러한 형태의 플리마켓은 2~3년 전부터 이슈가 되었고 소상공인, 신인 디자이너, 신인 작가 등 다양한 분야의 셀러들이 참여하며 단골이 생겨나기도 했습니다.

만약 운영하는 공간을 환기하고 싶지만 갑작스러운 업종 변화가 부담스럽다면 일정한 요일이나 시간대에 여러 셀러들과 함께 플리마켓의 형태로 테스트를 해보는 것도 좋은 방법입니다. 혼자서 무언가를 새롭게 하는 것은 힘에 부치지만 해도 티가 나지 않는 경우가 많습니다. 그러나 이처럼 다양한 셀러와 함께 한다면 각자의 개성을 한 곳에서 보여줌으로써 소비자에게 강하게 어필할 수 있습니다. 또한 셀러들이 플리마켓에 대한 홍보 활동을 하게 됨으로써 자연스럽고 광범위한 홍보효과를 내기도 합니다.

이처럼 공간을 대여해서 열리는 플리마켓이 있다면 플리마켓 자체가 오프라인 공간에 정착한 경우도 있습니다. 을지로의 복합문화공간 '디스트릭트 C', 성수동의 '성수연방' 내에 위치한 '땅굴스토어'입니다. 이는 온라인 홍보를 통한 비정기적인 공간에서의 플리마켓이었던 '땅굴시장'이 확장된 형태입니다. 이 같은 땅굴시장의 확장은 오프라인 공간의 필요성을 깨닫게 해줍니다. 땅굴스토어는 판매 수익보다는 쇼루밍showrooming 고객을 위한 쇼룸의 역할, 고객이 공간을 직접 체감할 수 있도록 하여 충성도를 높이는 도구로서 활용될 것으로 보입니다.

플리마켓이 기존에 운영 중이던 공간 안에서 이루어지는 형태라면 '팝업스토어'는 공간을 벗어나 한시적으로 외부 공간에서 이루어지거나, 공간 안에 새로운 콘텐츠를 도입해 별도의

'띵굴스토어' 1호점.

'땅굴스토어' 2호점.

공간을 만들어주는 것을 말합니다. 백화점에서도 이러한 팝업스토어의 형식을 활용하기 시작했습니다. 백화점에 입점하지 않은 신인 디자이너 브랜드나 이슈가 되는 라이징 브랜드, 스트리트 브랜드 등을 초청하거나, 입점 브랜드 가운데 이슈가 있는 브랜드를 선정해 일정 기간 동안 공간을 구성하는 것입니다. 백화점처럼 정형화된 공간에서는 큰 변화를 주는 것이 어려울 수 있습니다. 때문에 이처럼 일부 공간을 팝업스토어로 구성하여 변화를 주는 것입니다.

운영하는 공간 안에서 팝업스토어를 진행하는 방법은 여러 가지입니다. 가장 대표적인 팝업스토어의 형태는 공간 전체에 큰 변화를 줘서 쇼룸의 형태로 만들고, 전시회처럼 이미지를 부각시키는 것입니다. 이는 현재 판매하는 상품 가운데 일부를 선별해서 홍보하거나 신상품을 런칭할 때 효과적입니다. 동선이나 상품의 위치를 바꿔 새로운 공간을 연출하고 외부까지 크게 변화시켜 임팩트 있게 만든다면 소비자의 궁금증을 유발해 그들을 공간으로 들어오도록 유인할 수 있습니다.

또 다른 방법으로는 '숍인숍shop-in-shop'이 있습니다. 기존에 판매하던 상품의 일부, 혹은 기존 상품과 어울리는 신상품을 매장 전면이나 윈도우, 주된 동선에 홍보물이나 오브제와 함께 연출하여 기존 상품과 구분하면서 돋보이게 연출하는 방법입니다. 같은 상표의 상품들만 한 곳에 모아두어도 주목을 끌 수 있는데,

(위) 독립서점 '별책부록'.
(중간) '별책부록'에서 진행했던 일러스트레이터 노리타케의 스테이셔너리 팝업 행사.
(아래) 카페 '플라스크'에서 진행한 티와 쿠키 팝업 행사.

상품과 그에 어울리는 POP, 포스터 등으로 설명까지 더해준다면 훨씬 더 효과적일 것입니다.

서점에서 문구류나 일러스트 작가의 작품을 한시적으로 판매하는 경우, 카페에서 원두나 차 브랜드의 팝업 행사를 진행하는 경우가 그 예입니다. 이러한 숍인숍 팝업 행사는 작은 공간에서도 진행이 가능하고, 역시 공간의 콘셉트와 맞게 진행해야 효과적입니다.

플리마켓과 팝업스토어의 중간이라 할 수 있는 형태의 프로젝트가 있어 소개할까 합니다. 2018년 11월부터 시작된 팝업 프로젝트 '일일찻집 프로젝트(@11coffeeshop)'입니다. 이 프로젝트는 을지로 세운청계상가, 세운대림상가에 위치한 오래된 찻집이나 다방 등에서 일요일 하루에만 한시적으로 열리는 팝업 찻집입니다. 이 프로젝트가 재미있는 이유는 옛 다방에서 쌍화차를 마시는 '추억 놀이'를 제안하면서, 오래된 공간에 팝업스토어로 활기를 불어넣고 있기 때문입니다.

어떤 사업을 시작하거나 콘텐츠를 선보일 때, 고정된 공간이 필요하다는 편견을 갖는다면 시작 자체가 어려워질 수 있습니다. 돈을 들여 매장을 구해야 하고, 시설과 설비, 스태프가 있어야 합니다. 이렇듯 준비해야 할 것이 많으면 실행하지 못할 확률이 높습니다. 그러나 플리마켓이나 팝업스토어의 형태를 활용하면 고정된 공간 없이도 콘텐츠를 선보일 수 있습니다.

공간 마케팅을 소개한 책 중 교토의 '게이분샤 서점' 아르바이트생으로 시작해서 점장으로 근무했고, 현재 서점 '세이코샤'를 운영하고 있는 호리베 아쓰시가 쓴 《거리를 바꾸는 작은 가게》가 있습니다. 이 책은 공간이 확장되는 과정을 굉장히 상세하게 설명해주고 있습니다. 지금 운영하고 있는 공간이나 곧 운영하게 될 공간에 적용할 만한 팁이 많을 것입니다. 또한 주변의 작은 가게들이 운영되는 다양한 방식에 대해서도 잘 설명해주고 있으니 참고하면 좋을 듯합니다.

지금까지 2장에서 다뤘던 내용들은 1장의 시각적 디자인을 비로소 완성시키는 밑거름과 같은 역할을 합니다. 디자인적인 요소에 심리적 요소를 더하고, 공간을 방문하는 소비자를 배려하는 서비스 디자인의 영역까지 더한다면 공간의 깊이가 깊어질 것입니다. 공간의 깊이를 깊어지게 하기 위해서는 소비자의 경험을 디자인해야 합니다. 소비자의 경험이 연속성을 가지고 이어질 때 비로소 공간은 그 역할을 다하게 됩니다.

취향 저격의
공간을 만나다

잘 붙인 '이름' 하나
열 디자인 안 부럽다

불빛이 꺼지지 않는 도심 속 나만의 휴식 공간_츠타야

온라인의 발달로 오프라인 매장이 브랜드 경험의 공간, 즉 브랜딩의 도구로 활용되는 경우가 많아지면서 작은 규모의 가게들도 충분히 다양한 브랜딩을 시도할 수 있게 되었습니다. 이러한 변화는 좁은 면적에 매장이 밀집된 우리나라나 일본에서 다양한 시도를 가능하게 만들었습니다. 이번 장에서는 앞에서 살펴본 공간 디자인 요소들을 잘 살린 일본의 브랜드들을 예시로 성공적인 공간 디자인이란 무엇인지 알아보고자 합니다.

일본의 '츠타야TSUTAYA'는 서점의 재부흥과 함께 라이프스타일 브랜드의 성공 사례로 국내에도 잘 알려져 있습니다. 츠타야는 물론 작은 가게와는 거리가 먼 브랜드입니다. 7개의 전문숍이 있는 대규모 쇼핑 공간인 다이칸야마 '티사이트 가든T-SITE GARDEN'의 성공 이후, 라이프스타일을 제안하는 브랜드답게 츠타야는 서점, 음반, DVD, 카페, 레스토랑에 이어 가전, 주방용품까지 점점 그 범위를 넓혀 '츠타야 일렉트릭스TSUTAYA ELECTRICS'를 오픈했고, 쇼핑몰에도 입점하는 등 범위가 점점 확대되고 있습니다.

츠타야는 소비자의 취향을 배려하는 것을 첫 번째 목표로 합니다. 상품을 선택하고 구분해서 연출한 각 영역별 섹션이 이같은 모토를 반영합니다. 츠타야에서는 규모가 큰 서점 내에서도 한 섹션 안에서 내가 찾는 분야의 소설, 수필, 잡지 등 다양한 종류의 책을 찾아볼 수 있습니다. 이것은 소비자 입장에서 고민하여 콘텐츠를 제공하는 츠타야의 성공요소 중 하나이며, 우리나라에서도 여러 방면으로 벤치마킹 되고 있습니다. 이러한 소비자 중심의 라이프스타일 제안과 콘텐츠 제공 방식은 츠타야의 최대 장점입니다.

이 정도 규모의 브랜드는 더 많은 이익 창출과 판매 상품의 범위 확대에 집중하는 것이 일반적입니다. 그러나 이들은 여전히 소비자가 원하는 라이프스타일에 관심을 가지고 소비자의 목소리에 귀 기울입니다. 신주쿠 힌복편의 '츠다야 북 아파트먼트<small>TSUTAYA BOOK APARTMENT</small>'는 그들이 '소비자를 생각하는 브랜드'라는 것을 다시 한 번 보여주고 있습니다. 이들은 도심 빌딩 숲 속 작은 건물을 휴식을 취할 수 있는 책방, 혹은 책과 함께하는 미팅룸으로 만들었습니다. 규모가 날로 커져가던 츠타야의 색다른 모습입니다. 이는 국내에서 흔히 '잘나간다.'고 하는 기업 혹은 브랜드에서는 볼 수 없는 모습이기 때문에 더 놀라웠습니다. 츠타야 북 아파트먼트는 복잡하고 쉴 틈 없는 도심에서 소비자들에게 잠시나마 편안한 휴식을 제공하는 공간을 목적으로

일본 신주쿠에 위치한 '츠타야 북 아파트먼트'.

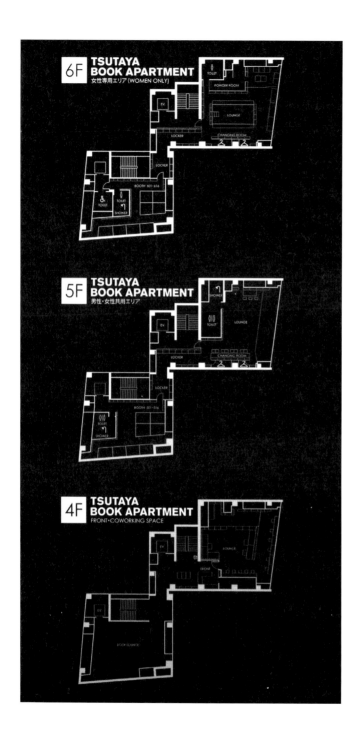

'츠타야 북 아파트먼트' 평면도.

합니다. 물론 그들의 메인 콘텐츠인 책과 함께입니다. 이들은 각 층을 카페, 미팅룸, 1인 혹은 여성전용 샤워실 등으로 구분하고 막차를 놓친 사람들, 잠시 휴식을 취하고 싶은 사람들을 위해 24시간 운영합니다. 새로운 숙박 시설의 모습을 제안한 것입니다.

3개의 층으로 이루어진 이곳은 다른 츠타야 매장들과 마찬가지로 큰 규모지만 각 층은 콘텐츠에 맞게 세심하게 구성되어 있습니다. 3층에 위치한 스타벅스에서는 테이크아웃이 가능하며, 프론트에는 츠타야의 다른 매장들과 달리 간단한 편지지, 문구류 등의 팬시용품과 음료, 추천 잡지들이 작은 공간을 알차게 메우고 있습니다. 책을 콘텐츠의 베이스로 여기는 기업의 가치관을 유지하면서 집과 같은 공유 공간을 만들어, '아파트먼트'라는 이름을 붙인 것입니다. 이는 브랜딩 전략으로 공간을 활용한 아주 좋은 사례입니다. 또한 '아파트먼트'와 같이 직접적인 이름을 붙임으로서 브랜드의 행보에 대한 호기심을 유발하고 있습니다.

츠타야 북 아파트먼트는 소비자 입장에서 생각하고, 그들의 라이프스타일을 제안한다는 츠타야의 가치관이 잘 드러나는 사례로, 불빛이 꺼지지 않는 도심에 사는 사람들을 위한 새로운 공간을 제안합니다. 또한 이러한 츠타야의 새로운 시도와 도전은 그들이 만드는 공간에 대한 소비자들의 지속적인 호기심과 관심을 유도함으로써, 공간의 지속성과 가능성을 넓혀주고 있습니다.

집, 호텔, 창고… 무엇이든 될 수 있다_원엘디케이

일본에는 '원엘디케이1LDK'라는 라이프스타일 숍이 있습니다. 원엘디케이란 L(living), D(dining), K(kitchen), 즉 방, 거실, 부엌을 통합하여 지칭하는 부동산 용어로 방이 1개 있는 주택의 구조, '원룸'을 지칭합니다. 이 브랜드명은 처음 오픈한 매장의 원엘디케이 구조에서 유래되었다고 합니다. 그래서인지 이후 오픈한 매장들의 이름도 특정한 공간을 지칭하는 단어로 지어졌습니다. 원엘디케이 아파트먼츠1LDK Apartments, 원엘디케이 아오야마 호텔1LDK Aoyama Hotel, 원엘디케이 데포1LDK Depot, 원엘디케이 아넥스1LDK Annex, 원엘디케이 테라스1LDK Terrace 등입니다. 원엘디케이 서울1LDK SEOUL, 원엘디케이 파리1LDK PARIS도 있지만 여기서는 도쿄 내에 위치한 공간만 집중적으로 살펴보고자 합니다.

원엘디케이의 매장들은 공간의 이름이 곧 콘셉트입니다. 원엘디케이 아파트먼츠는 집과 같은 평면 배치를 보여줍니다. 그리고 아오야마에 위치한 아오야마 호텔은 호텔 콘셉트의 2층짜리 매장으로, 작은 정원과 리셉션, 호텔 객실의 모습을 매장에 그대로 구현했습니다. 원엘디케이 데포는 말 그대로 창고 콘셉트로, 공간을 구성하는 소재부터 레이아웃이 모두 창고처럼 디자인되어 있습니다.

같은 브랜드의 동일한 상품을 취급하지만 매장의 위치와 규모, 상황에 따라 콘셉트를 다르게 정하고 매장을 디자인한 것입니다. 물론 콘셉트에 맞춰 다르게 구성된 상품들이 지점들 간의 차이를 만들고, 공간의 구조와 콘셉트가 상이한 만큼 상품들의 디스플레이도 다르지만, 원엘디케이라는 브랜드가 드러내고자 하는 브랜드의 이미지는 일부 상품과 집기 등으로 통일됩니다.

모든 매장의 공간이 같을 수 없는데도 불구하고 우리는 동일한 브랜드가 어떤 공간에 있든 같은 콘셉트, 같은 모습을 유지하고 있어야 한다고 생각합니다. 원엘디케이는 영리하게 공간의 특성에 맞춘 매장명과 콘셉트를 만들어내며, 그러한 고정 관념에서 탈피한 행보를 보여주고 있습니다.

브랜드를 확장할 때, 대부분은 취급하는 상품에 따라 브랜드의 이름을 정하고 오프라인 공간에 그 이름을 적용합니다. 그러나 원엘디케이는 편집숍의 특성상 공간마다 다르게 구성된 상품들을 콘셉트에 맞춰 구분하고, 매장 이름 또한 '원엘디케이' 그대로 사용했습니다. 나아가 '아파트먼츠', '호텔', '데포' 등 공간의 이름을 일상에서 사용하는 단어 그대로 붙임으로써 매장별 소비자들이 색다른 경험과 재미를 느낄 수 있도록 하였습니다. 따라서 원엘디케이는 어디든 이동하여 다시 오픈할 수 있고, 꾸준히 유지할 수 있는 지속가능성을 내재하고 있습니다. 소비자의 입장에서는 일반적 브랜드와 다른 브랜딩 행보를 보여주고 있는 원엘디케이의 다음 공간이 궁금하고, 기다려집니다.

'원엘디케이 아파트먼츠' 외관.

창고처럼 꾸며진 '원엘디케이 데포'.

'원엘디케이 아오야마 호텔' 내부와 평면도.

오랫동안 사라지지 않는 가게_야에카

원엘디케이와 같이 공간을 활용하고 있는 일본의 또 다른 브랜드가 있습니다. '야에카YAECA'는 품질 좋은 소재로 옷을 만드는 상당히 정교하고 심플한 패션 브랜드로 매장에서는 라이프스타일 아이템도 함께 판매하고 있습니다. 도쿄에 3개의 매장이 있는데 에비수의 '야에카YAECA', 나카메구로의 '야에카 아파트먼트 스토어YAECA APARTMENT STORE', 그리고 고급 주택가의 '야에카 홈 스토어YAECA HOME STORE'입니다. 이름에서 알 수 있듯이 각각의 공간은 저마다 특징이 다릅니다.

에비수의 야에카는 흔히 볼 수 있는 일반적인 매장의 형태이며, 야에카 아파트먼트 스토어는 사무 겸용 아파트 건물의 2층에 자리하고 있습니다. 그리고 야에카 홈 스토어는 한적한 고급 주택가에 단독주택으로 위치해있습니다. 에비수에 위치한 야에카를 제외하고는 매장이 있을 것 같지 않은 건물과 위치에 간판조차 달려있지 않아, 여기가 맞나 한참을 헤매고 확인한 후에야 마침내 매장에 들어갈 수 있습니다. 그럼에도 불구하고 방문할 때마다 쇼핑하고 있는 사람들이 있다는 사실이 신기합니다. 심지어 야에카의 매장들은 오랫동안 그 자리를 유지하고 있습니다.

특히 야에카 홈 스토어는 조심스레 문을 열었을 때, 상품을 보지 않고도 브랜드 이미지를 단번에 느끼기에 충분한 곳이었습니다. 그곳의 향기, 매장 스태프의 정중한 인사와 웰컴티가 특

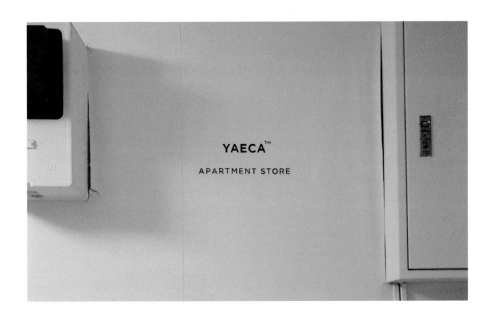

실제 오피스 건물 2층에 위치한 '아에카 아파트먼트 스토어' 입구와 내부.

'야에카 홈 스토어' 내부.

히 인상적이었습니다. 호기심에 방문을 계획했지만 생각지도 않게 나만의 케렌시아를 찾은 것 같은 느낌이었습니다.

야에카 아파트먼트 스토어와 야에카 홈 스토어 매장은 군더더기 없이 심플합니다. 야에카의 취향을 닮은 라이프스타일 상품들이 바닥, 창가 난간, 혹은 싱크대 위에 정갈하게 디스플레이 되어 있는, 매장의 이름처럼 공간에 충실한 디스플레이입니다. 보통 기존의 공간을 그대로 활용하는 경우, 상품보다 공간이 더 부각되는 경우가 많습니다. 그러나 이곳은 상품의 특징을 해치지 않고도 그들이 추천하는 상품에 소비자들이 더 집중할 수 있도록 해줍니다. 아파트와 단독주택이라는 공간 자체는 살리면서도, '톤 앤 무드'를 화이트 혹은 우드로 심플하게 잡아, 소비자들이 상품들에 집중할 수 있도록 했기 때문입니다. 게다가 공간을 찾아가는 과정에서의 기대감, 문을 열었을 때의 향기와 음악, 스태프들의 애티튜드와 정성을 담은 패키징까지, 매장을 찾은 소비자는 오감으로 브랜드를 경험할 수 있습니다.

이렇듯 판매 공간은 전략적으로 브랜드의 가치와 위트를 소비자에게 어필할 수 있으며, 이런 경우에 소비자는 구매를 위한 방문 외에도 색다른 라이프스타일의 경험, 혹은 힐링의 목적으로 매장을 방문할 수 있습니다. 더불어 억지로 공간을 바꾸지 않아도 되는 실용적인 면도 있습니다. 실용적인 공간 활용과 상품에 대한 자부심, 소비자를 대하는 브랜드의 태도, 브랜드 매니아층 등이 브랜드 공간의 지속적 운영에 필요한 요소들일 것입니다.

끊임없이 변화하지만 지속되는 공간이 있다?_팝업스토어

앞에서도 여러 번 언급되었지만, 끊임없는 공간 활용으로 트렌드를 만들어내고 있는 팝업스토어의 사례를 좀 더 구체적으로 살펴보고자 합니다. 2014년에 오픈해 2016년까지 운영된 '더 풀 아오야마the POOL aoyama'와 2016년에 오픈해 2017년까지 운영된 '더 파킹 긴자THE PARK-ING GINZA', 그리고 2018년부터 운영 중인 '더 컨비니THE CONVENI'입니다. 이들은 수영장, 주차장, 편의점의 이름을 달고 있지만 모두 일본 유명 디자이너 후지와라 히로시의 팝업스토어입니다. 더 컨비니를 제외하고는 모두 실제 동네 수영장, 건물의 주차장에 오픈했던 팝업스토어입니다.

더 풀 아오야마는 아오야마에 있는 1970년대 동네 수영장의 내부 구성을 거의 해치지 않고 상품을 판매할 수 있는 공간으로 리뉴얼하여 후드 스웨트와 티셔츠 같은 의류는 물론 에코백, 파우치와 같은 액세서리, 타월, 부력판 모양의 키홀더, 화장지 등 수영장에서 필요할 것만 같은 상품들을 판매했습니다. 수영장 자체를 브랜드화한 것입니다. 이후 정기적으로 아카이브별 콘셉트를 정하고 비주얼, 판매 상품에 따라 변신을 시도했습니다.

이 공간은 어린 시절 동네 수영장에 대한 추억을 떠올리게 해주는 팝업스토어로 일본은 물론 국내에서도 큰 이슈가 되었습니다. 공간에 감성을 더한 아주 획기적인 기획이었습니다.

2016년까지 더 풀 아오야마를 운영한 후지와라 히로시는

동네 수영장의 내부 구성을 거의 해치지 않고 상품을 팔 수 있는 공간으로 리뉴얼한 '더 풀 아오야마'.

이어서 더 파킹 긴자를 선보입니다. 이 공간은 긴자 한복판의 소니 건물 지하 주차장과 연결된 장소에 '리얼 파킹랏real parking lot' 콘셉트로 오픈됐는데, 물론 이곳에도 1970년대 추억의 카페를 소환하여, 방문한 사람들로 하여금 그 시절을 감상할 수 있도록 했습니다. 그러나 역시 대표적인 특징은 주차장 자체를 상품화하여 의류, 액세서리 등의 아이템들을 판매하고, 발렛파킹 부스처럼 생긴 곳에서 계산을 하는 등 주차장에서 쇼핑하고 있는 듯한 경험을 제공했다는 것입니다.

이후 소니 빌딩의 리모델링과 함께 이 팝업스토어도 폐점하였으나 2018년 8월, 같은 소니 빌딩 1층에 편의점을 브랜드화한 더 컨비니를 다시 선보였습니다. 편의점이라는 공간을 활용하여 삼각김밥 포장지에 들어 있는 수건, 티셔츠가 들어 있는 음료 등 또다시 획기적인 판매 상품을 만들고 인테리어와 디스플레이, 소품까지 편의점처럼 만들어 편의점에서 쇼핑하는 기분을 느낄 수 있도록 한 것입니다.

후지와라 히로시는 이러한 실험을 통해 공간 자체를 상품화할 수 있다는 것과, 공간 이름을 응용해 색다른 쇼핑 체험을 제공할 수 있다는 것을 보여주었습니다.

주차장 콘셉트의 팝업스토어 '더 파킹 긴자'.

편의점 콘셉트의 '더 컨비니' 외관과 내부.

있는 그대로의 공간은
나만의 '콘텐츠'가 된다

추억을 복원한 뉴트로_익선동과 을지로

최근 가장 주목받고 있는 공간은 아무래도 뉴트로 감성이 가미된 공간일 것입니다. 뉴트로가 기성세대와 젊은 세대 모두의 취향을 관통하는 하나의 트렌드로 자리 잡은 것입니다. 지금부터 오래된 공간 자체를 현대적 감성과 적절히 섞어 이슈가 되고 있는 장소들을 예시로, 기존의 공간에 콘텐츠를 결합하여 이슈를 만드는 방법에 대해 이야기해보겠습니다.

뉴트로 감성을 콘셉트로 한 공간은 익선동, 을지로 거리에서 많이 볼 수 있습니다. 이 공간에서 기성세대는 좋았던 시절에 대한 향수를 느끼거나 친구들과의 추억을 되돌아볼 수 있고, 세련되고 모던한 환경에만 익숙한 젊은 세대는 신기하고 색다른 문화를 경험할 수 있습니다.

서울 익선동은 과거 우리 것에 대한 관심과 보존으로 유명세를 탔던 북촌, 서촌에 이어 서울의 마지막 한옥마을로 1920년대 말~1930년대 초에 만들어진 서민 중심의 계획적인 주택단지입니다. 전통한옥이 모여 있는 북촌과 달리 중인들, 예술인들이 많이 살았던 이곳은 서촌과 비슷한 근대 한옥으로 구성되어 있습니다. 서울의 젠트리피케이션을 피해, 재개발이 무산되어 방치돼 있던 한옥단지를 찾아온 젊은이들로 인해 지금의 핫 플레이스가 구축되었고, 개성 있는 상점들은 1920~30년대에 지어진 외관을 유지한 채, 판매 품목에 따라 독특한 분위기를 뿜어내고 있습니다. 내부는 그동안의 많은 개축과 변형으로 지어졌을 당시의 원형을 확인할 수 없지만, 마당을 낀 'ㄱ'형 혹은 'ㅁ'형 형태와 기와, 들보, 서까래 등 남아 있는 요소와 함께 현대적인 인테리어 가구와 공간 구성을 볼 수 있습니다.

서울 을지로 거리는 익선동보다는 그 역사가 짧습니다. 그러나 우리나라의 경제 부흥기인 1970년대에 구성된 국내 제조업의 메카로 인쇄소, 철물 제조사 등이 밀집되어 있는 상업 공간이며 익선동과는 또 다른 매력을 지니고 있습니다. 이러한 을지

을지로 카페 '4F' 외관과 내부.

을지로 카페 '투피스' 외관과 내부.

을지로 카페 '혜민당'.

을지로 카페 '커피한약방' 내부의 자개장.

로에 최근 구성된 카페거리는 2000년대부터 첨단 산업의 발달로 인해 점점 노후화된 이 복잡한 공간에 간판도 없이, 기존 건물의 외관은 물론 내부 구성까지 활용한 채 점점 그 영역을 확장하고 있습니다. 을지로에서 유명한 카페들에 가면 1970~80년대 자재와 소품의 매력을 고스란히 느낄 수 있는데, 지금은 환경오염으로 실내 시공이 불가한 1970~80년대의 시멘트 바닥과 지금은 그 형태를 알아보기 힘든 프레임의 철문, '축 발전'이라 써진 큰 거울 등을 만날 수 있습니다. 내부 구조마저 원래의 형태를 그대로 활용하여 그에 맞는 가구와 디스플레이 소품을 사용하고 있는 곳들도 종종 볼 수 있습니다.

이들의 특징은 모두 50년은 족히 넘은 공간의 형태와 무드를 그대로 이용함으로써 공간을 찾는 사람들에게 '추억'과 '새로움'을 안겨준다는 점입니다. 찾아가는 과정이나 협소한 공간이 불친절하다고 느껴질 수는 있겠지만 세련되고 친절한 도심과 상반되는 이곳은 분명히 매력적인 공간입니다. 이렇듯 기존의 공간을 활용한 디자인은 하나의 스토리와 콘텐츠가 될 수 있습니다.

신발공장이 카페가 되고, 카페가 미술관이 된다?
_앤트러사이트와 테라로사

창고형 카페에는 2가지 타입이 있습니다. 하나는 원래 창고였던 공간을 리노베이션renovation하여 최대한 기존의 구조와 골격을 유지한 상태에서 카페로 용도변경을 한 경우이고, 다른 하나는 넓은 공간에 큰 규모로 건물을 신축하거나 기존 건물의 뼈대는 유지하되 창고형태로 공간을 디자인하는 경우입니다.

1970년대 초 정미소로 사용되던 공간을 2011년 복합문화공간으로 재탄생시킨 서울 성수동 '대림창고'의 성공 이후 유사한 형태의 창고형 카페가 전국적으로 많이 생겨나기 시작했습니다. 인테리어에도 '인더스트리얼' 무드가 유행하기 시작하여 정형화되지 않은 날 것의 디자인에 많은 사람들이 열광했고, 이후 비슷한 분위기의 공간들이 많아져 오늘날까지도 여전히 사랑받고 있습니다.

서울 합정동에 위치하고 있는 카페 '앤트러사이트Anthracite'는 1970년대에 지어진 신발공장의 모습을 고스란히 드러내고 활용한 공간으로 운영되고 있습니다. 여기서 앤트러사이트 합정점을 언급하는 이유는 합정점이 앤트러사이트라는 브랜드를 만들어낸 시작점이기 때문입니다. 이곳은 신발공장이었을 때 사용했던 컨베이어 벨트를 그대로 사용하며, 벽면 한쪽에는 공장이었던 때의 사진을 전시하고 있습니다. 공간을 아예 새롭게 디

서울 합정에 위치한 '앤트러사이트'. 신발공장을 리사이클했다.

자인하기보다 과거와 현재가 만나는 창구로 활용하면서 독특한 무드를 만들어낸 이곳은 앤트러사이트만의 분위기로 재탄생되었습니다.

또한 앤트러사이트는 단순히 커피나 음료만을 파는 곳이 아닙니다. 로스팅한 원두에 예술가나 철학자들의 이미지를 네이밍하여 판매하고 홈 바리스타 강좌를 운영하는 등 다양한 이벤트를 통해 커피 브랜드로서 탄탄하게 자리매김하고 있습니다. 앤트러사이트를 음악과 미술, 문학이 소통하는 문화 살롱으로 만들고자 하는 대표의 의지가 반영되어, 이곳은 현재까지도 문화가 공존하는 복합문화공간으로서 전시회, 음악 공연 등을 꾸준히 진행하고 있습니다. 현재 앤트러사이트는 합정 외에도 제주, 한남 등 총 5개 매장을 운영하고 있습니다.

강릉이 커피로 유명해지기 시작한 것은 2002년 '테라로사 TERAROSA' 커피공장으로부터였다고 해도 과언이 아닙니다. 테라로사는 고급 커피원두를 로스팅해 유명 호텔이나 카페 등에 판매하면서 한국의 명품 커피 시장을 개척했고 테라로사에서 바리스타 교육을 받은 문하생들이 강릉에 카페를 창업하면서 강릉이라는 의외의 장소가 커피로 이슈가 되기 시작했습니다. '커피 공장이 미술관 같았으면 좋겠다.', '맛도 멋진 공간에서 탄생한다.'라는 대표의 공간 철학이 반영된 테라로사는 현재 전국에 10여개가 넘는 매장을 운영하고 있는데도 불구하고 매장마다 콘셉트가 다릅니다. 특히 서종점은 와인숍, 레스토랑, 백미당 등과 함께 작은 빌리지의 형태로 운영되고 있습니다.

테라로사 수영점이 위치한 'F1963'도 그 자체로 의미 있는 공간입니다. 1963년에 만들어진 고려제강 부지를 2016년 부산비엔날레 개최 이후 복합문화공간으로 탈바꿈하여 자연과 예술이 공존하는 지금의 모습으로 운영하고 있는 F1963은 기존 건물의 형태와 골조는 유지하되 담겨지는 콘텐츠에 따라 재해석하여 리노베이션하는 방식으로 만들어진 공간입니다.

이 안에 위치한 테라로사 수영점은 이전에 이 공간이 와이어 공장이었다는 것을 그대로 드러낸 공간입니다. 공장에서 나온 폐자재와 기계 등을 인테리어 요소로 배치하여 옛 것을 유지하되 현재의 것과 어우러지게 함으로써 그들만의 독특한 이미지를 만들어낸 것입니다.

'테라로사' 강릉점 외관과 내부.

실제 공장의 컨베이어 벨트를 이용한 부산 'F1963' 내부의 '테라로사' 인테리어.

트렌드를 대변하는 힙한 공간_하우스 오브 반스

'하우스 오브 반스House of Vans'는 '반스Vans'가 추구하는 문화인 스케이트보딩, 음악, 아트, 그리고 스트리트 문화에 대한 영감을 국내외 다양한 크리에이터들과 함께 전달하는 글로벌 플랫폼입니다.

'하우스 오브 반스 서울HOUSE OF VANS SEOUL'은 올해 성수동 '에스 팩토리S Factory'에서 큰 규모로 진행되었고, 2017년에는 건대 '커먼그라운드'와 '레이어57'에서, 2016년도에는 반스 50주년을 기념하여 '동대문디자인플라자'에서 성대한 문화의 장을 개최했었습니다. 스케이트보딩을 위한 스니커즈 브랜드로 시작한 반스는 어느덧 청춘 문화를 대표하는 문화 콘텐츠 브랜드로 성장하여 국내외 유명 아티스트들과 함께 서브컬쳐를 지속적으로 발전시키고 있습니다. 이러한 컬쳐 플랫폼에 당연히 공간을 빼놓을 수는 없습니다. 하우스 오브 반스는 국내에서는 팝업 형태로 매년 복합문화공간에서 큰 규모로 진행되고 있고, 런던과 시카고에서는 상설공간에서 지속적으로 진행되고 있습니다.

런던 워털루역의 폐쇄된 옛 터널 부근에도 위치하고 있는 하우스 오브 반스는 위험해 보이기만 했던 폐쇄된 터널을 힙한 명소 중의 하나로 탈바꿈하며 신선한 문화공간으로 만들었습니다. 스케이트보딩을 할 수 있는 콘크리트 존부터 카페테리아, 공연 스테이지, 전시 공간이 섹션별로 구분되어 오래된 터널에 서

DDP에서 진행되었던 '하우스 오브 반스 서울'.

브컬쳐가 더해진 매력적인 공간이었습니다. 공간뿐 아니라 곳곳의 독특한 반스 소품들은 공간에 유니크함까지 더해주었습니다.

　이렇듯 브랜드 아이덴티티를 정확히 표현하고 있는 공간은 그 매력으로 브랜드 상품에 대한 호감까지 이끌어낼 수 있습니다. 국내에서도 반스는 아티스트들과의 협업과 소비자 참여를 가장 활발하게 진행하고 있는 브랜드 중 하나입니다. 그리고 그런 브랜드의 모토를 도시 곳곳에서 실천하고 있는 반스의 행보는 소비자 경험을 만족시켜줄 오프라인 공간 활용의 좋은 본보기가 되고 있습니다. 이것은 브랜드가 추구하는 가치관과 문화, 도시 공간이 모두 활력을 얻은 사례입니다.

　이런 공간이 특별한 이유는 기존의 것과 새로운 것이 조화

터널을 그대로 활용한 '하우스 오브 반스 런던'. 각각의 홀에서 다른 행사가 진행된다.

롭게 섞여 있기 때문입니다. 그저 오래된 공간을 리뉴얼해서 사용한다고 해서 그 공간이 특별하다고 할 수는 없습니다. 역사를 담고 있는 전통적 공간을 '얼마만큼' 유지하면서 새로운 것을 '어떻게' 적용하는가가 다른 공간들과 차별화할 수 있는 지점입니다. '업사이클링'이 화두가 된 이후, 기존의 공장지대를 다양한 문화 콘텐츠를 활용한 공간으로 만드는 곳이 늘어나고 있습니다. 제조업의 침체로 버려지는 폐공장이나 창고 등이 새로운 문화콘텐츠와 만나 복합문화공간으로 재탄생하거나 카페, 식당 등으로 리노베이션되는 것은 하나의 유행에서 나아가 도시재생 사업으로 점차 그 범위가 확대될 것입니다.

그 자체로 작품이 되는 공간 _ 스파치오 로사나 올란디

밀라노에는 1930년대 넥타이를 만드는 공장이었던 곳을 2002년 전시 공간, 카페로 재탄생시킨 '스파치오 로사나 올란디 Spazio Rossana Orlandi'가 있습니다. 기존의 넥타이 제조 공장에서 사용했던 가구(넥타이를 넣어두었던 곳)는 지금도 이곳을 대표하는 상징으로 사용되고 있습니다. 이곳은 공장의 앞마당을 야외 테라스로 운영하는 등 기존의 것을 최대한 유지하면서 재활용하고 있습니다. 또한 지하, 옆 건물, 안뜰 등 곳곳에서는 세미나, 전시가 진행되고 있습니다.

디자인 구루인 로사나 올란디Rossana Orlandi가 만든 이곳에는 저가의 작은 소품부터 패션 아이템, 고가의 리미티드 상품까지 다양한 품목과 가격의 컬렉션이 구성되어 있습니다. 곳곳에 전시된 작품들은 전형적인 갤러리나 전시장이 아닌 일상의 공간에 놓여있는 듯한 독특한 분위기마저 풍깁니다. 공간마다 다른 작품이 콘셉트별로 큐레이션되어 어우러진 모습은 그 자체가 하나의 작품처럼 느껴지기도 합니다. 이는 과거와 현재, 미래가 공존하는 독특한 디자인 공간입니다.

공간의 안과 밖에서 비디오 아트나 설치미술, 세미나 등을 진행하고 정기적으로 작품(상품)의 진열과 연출을 바꾸어 늘 변화하는 공간으로 운영되고 있는 이곳을 어떤 이들은 원더랜드 wonderland라고 부르기도 합니다.

자연과 어우러진 '스파치오 로사나 올란디'.

'스파치오 로사나 올란디' 내부.

보이는 모든 것,
그리고 보이지 않는 모든 것

저는 비주얼 머천다이저Visual Merchandiser, VMD로 20년째 일하고 있습니다. 20년 전, 마케팅 파트에 입사하여 광고, 홍보, 협찬, 매장 디스플레이, 매장 인테리어 등 다양한 일을 배우며 시작했습니다. 이후 마케터, 광고 디자이너, 인테리어 디자이너, 웹디자이너 등 마케팅실에서 해왔던 업무들이 세분화되면서 각 분야는 더욱 전문화되었고, 그때 선택한 직업이 VMD였습니다.

국내에서 생소했던 만큼 VMD는 그 영역이 구체적이지 않았습니다. 20년 전에는 브랜드의 비주얼 및 판매 활성화를 위한 스타일링, 상품 코디네이션, 디스플레이가 주된 업무였다면 이후 매장 인테리어 디자인이 급부상하면서 인테리어 디자인 또한 업무의 중요한 부분이 되었습니다. 그리고 현재는 브랜드의 공간 콘텐츠 구성에 대해서도 고민하고 기획합니다. 모두 목적은 같습니다. 오프라인 공간을 매력적으로 만들어 고객들에게 어필하는 것입니다.

사람들의 디자인 의식이 높아질수록 관련된 업에 종사하는 사람들은 종종 걸음으로 새로운 트렌드와 콘텐츠를 수용하고 대중에게 선보이기 바빴습니다. 그러다 보니 저희는 상품 디자인 외에 매장 인테리어, 디스플레이는 물론 패키지 디자인, 소도구 디자인, 프로모션 디스플레이, 브랜드 전시 디자인까지, 우리끼리 농담 삼아 말하던 판매 상품 외에 '보(V)이는 모(M)든 것을 디(D)자인 하는 사람'이 되어 있었습니다.

그러던 중 스티브 잡스의 등장과 함께 디자인에 아주 큰 변화가 찾아왔습니다. 스티브 잡스의 등장 이후 모든 산업 분야에서 디자인은 중요한 파트가 되었고 디자인 경영, 디자인 씽킹 등을 강조하며 경영진에게는 디자인 마인드를, 디자이너에겐 경영자 마인드를 보완해야 한다는 주장이 붐처럼 일어났습니다. 그리고 이와 함께 '보여주는 것' 또한 매우 중요한 일이 되었습니다. 이후 다양한 분야에 '비주얼'이라는 파트가 생겨났고, 그 역할과 범위는 매우 다양했습니다.

짧지 않은 기간 동안 디자인 파트에 몸담으며 그동안의 마케팅, 공간 디자인이 변화해온 모습을 되돌아보게 되었습니다. 20년간 많은 부분에서 변화가 있었지만, 특히 2가지가 많은 것을 바꾸어 놓았습니다.

첫 번째는 모든 것을 내부에서 디자인하던 예전 시스템과 달리 요즘에는 '콜라보레이션'이 더욱 좋은 성과를 내고 있다는 것입니다. 핫한 아이디어와 기발한 기획력의 젊은 디자이너로 구성된 신생 회사들, 혹은 프리랜서들이 많이 생기고 있고 그들과의 협업이 시너지를 발휘하고 있습니다. '옛것'이 '새것'을 받아들이면 그 결과로 선택의 폭이 늘어난다는 일본의 그래픽디자이너 하라 켄야의 말처럼 말입니다.

그리고 두 번째는 츠타야의 디렉터 마스다 무네아키가 강조했듯이 콘텐츠와 공간(오프라인 매장)이 공급자 위주의 방식이 아닌 소비자 관점의 방식으로 전환되고 있다는 것입니다. 요즘 소비자들은 더 이상 제안 받은, 혹은 만들어진 환경에 만족하지 않습니다. 점점 개인의 성향과 취향이 맞춤화되고 있고, 스스로가 소비의 주체가 되는 '스마트한 소비자'가 늘어나고 있습니다.

이 2가지 현상으로 알 수 있는 것은 '디자인 감각'이 있는 똑똑한 청년들이 시장의 공급과 수요 모두를 변화시키고 있다는 것입니다. 지금 우리 사회는 최고의 스펙, 최악의 실업률을 가진 청년들과 마주하고 있습니다. 취업시장에 뛰어들던 그들도 점차 변하고 있습니다. 그들은 기발한 아이디어와 참신한 감각으로 일찍이 개인 창업을 시도하며, 젊고 개성 있는 감각으로 디자인 파트를 확장시키고 있습니다.

이들이 새로운 가게나 공간을 기획할 때 이 책이 조금이나

마 도움이 되는 체크리스트이기를 바랍니다. 또한 이 책은 비주얼과 관련된 업무에 대한 이해도를 높이기 위한 설명서이기도 합니다. 마지막으로 20여 년 동안 공간과 관련된 일을 한 저희의 노하우가 '공간의 다양화'에 보탬이 되기를 희망합니다.

이경미

취향 저격 체크리스트

보이는 것들

차례	항목	내용
매장 디자인	목적	- 무엇을 (판매하기) 위한 공간인가? - 공간을 얼마 동안 사용할 예정인가?
	콘셉트	- 이 공간에서 가장 중요한 '키 콘셉트'는 무엇인가? - 판매하는 상품(서비스)과 콘셉트가 어울리는가?
	톤 앤 매너	- 어떤 컬러를 중심으로 공간을 디자인하고자 하는가? - 원하는 무드를 표현할 수 있는 자재는 무엇인가?
	구성요소	- 의도한 무드를 연출하기 위한 가구와 소품들로 공간이 채워져 있는가? - 일명 '인스타존'이 될 수 있는 포인트가 있는가?
비주얼 요소	외관	- 소비자들이 찾기 쉽게 만들어진 외관인가? - 공간의 콘셉트가 외관에 잘 표현되어 있는가?
	윈도우	- 매장 밖에 소비자의 시선을 유도할 흥밋거리가 있는가? - 공간이 보여주고 싶어 하는 부분이 외부에서 느껴지는가?
	인도어	- 포인트가 되는 비주얼 요소가 있는가?
	소품	- 콘셉트를 표현할 수 있는 소품과 패키지를 사용하고 있는가?
	스태프	- 스태프의 유니폼이나 착장이 공간의 콘셉트와 어울리는가? - 스태프가 판매하는 상품(서비스)이나 공간에 대해 충분히 숙지하고 있는가?

보이지 않는 것들

차 례	항 목	내 용
오감	후각	- 공간에 들어왔을 때 가장 먼저 나는 냄새가 매장의 콘셉트와 어울리는가? - 불쾌한 냄새가 나지는 않는가?
	청각	- 공간의 무드와 잘 어울리는 음악이 적절한 크기로 나오고 있는가? - 공간이 지나치게 시끄럽거나 조용하지는 않은가?
	시각	- 매장의 조도는 적절한가? - 조명을 통해 공간에 입체감을 주고 있는가?
	촉각	- 소비자의 손끝에 닿는 느낌이 공간의 이미지에 부합하는가? - 공간의 무드와 잘 어울리는 재질의 가구와 소품을 사용하고 있는가?
	미각	- 공간의 구성이 판매하는 음식(음료)을 더 돋보이게 해주는가?
서비스	상품 배치	- 작은 공간에 지나치게 많은 것을 배치하고 있지는 않은가? - 공간을 효율적으로 활용하고 있는가?
	동선	- 소비자의 동선을 적절하게 유도하고 있는가? - 공간을 사용하기 위해 스태프의 설명이 필요하지는 않은가?
	배려	- 고령, 혹은 1인 소비자를 위한 배려를 하고 있는가?
	포장	- 상품을 포장하는 과정을 소비자가 확인할 수 있는가? - 포장을 하는 공간이나 태도, 도구가 적절한가?
	스태프	- 스태프만을 위한 공간이 있는가? - 스태프를 위해 적절한 집기들이 비치되어 있는가?

책에 나온 공간들 찾아보기(가나다 순)

하우스 오브 반스 런던(영국) Arches, 228-232 Station Approach Rd, Lambeth, London SE1 8SW |

+44 20-7922-1180 —— 228, 229, 230, 231

해러즈 백화점(영국) 87-135 Brompton Rd, Knightsbridge, London SW1X 7XL |

+44 20-7730-1234 —— 071

혜민당 서울시 중구 삼일대로 12길 16-9 —— 218

히비야 센트럴 마켓(일본) 1 Chome-1-2 Yurakucho, Chiyoda City, Tokyo |

+81 3-6205-7894 —— 040, 041

이미지 출처

023	www.hm.com
024	www.urbantainer.com
035	www.mandatory.com
	amendini.baskinrobbins.co.kr
052	www.graphpaper-tokyo.com
063	비지 베타busy beta @hjoon
070	www.harpersbazaar.com
071	www.theguardian.com
090, 091	인스타그램 @slowhouse_ginza
	인스타그램 @slowhouse_futakotamagawa
115	www.specgradeled.com
136	인스타그램 @bilderdeclercq
154	ko.ichiran.com
167	www.akomeya.jp
185	인스타그램 @byeolcheck
208, 209	hypebeast.kr
229	blog.naver.com/bin03160

저자소개

이경미

20년간 다수의 패션 브랜드에서 마케터, VMD, 인테리어 디자이너로 일하며 공간에 숨을 불어넣는 역할을 해왔다. 현재는 코오롱인더스트리 FnC에서 커스텀멜로우 브랜드의 다양하고 유니크한 공간을 위해 일하고 있다.

의류직물학을 전공하고 연세대학교 생활과학대학원에서 디자인경영 석사를 마친 후, 공간을 기획하여 브랜드를 알리는, 좀 더 심도 있는 공간 기획의 길을 연구하고 있다. '보이는 것'과 '보이지 않는 것' 모두를 기획하고 디자인하는 사람으로서 공간이 사람에게 주는 감동과 힘을 믿으며 소비자들에게 즐거움과 신선함을 선사할 공간을 만들고자 한다.

정은아

네티션닷컴, 바바패션, 코오롱인더스트리 FnC 등 다수의 여성복 브랜드
와 캐주얼, 골프웨어 브랜드에서 VMD로 일해 왔고, 최근에는 온, 오프
라인 패션 마케팅까지 업무의 영역을 넓혔으며, 국내 페인트 제조사에서
'공간 컬러 컨설턴트'로도 활동하고 있다.

의상학을 전공한 후 숭실대학교 경영대학원에서 서비스경영학 석사
를 마쳤으며, 변화하는 소비자에 맞춰 공간 기획도 함께 변화해야 한다
는 생각으로 공간을 다양한 시각에서 바라보려 한다. '현장' 중심의 스페
이스 크리에이터로서 늘 깊이 있는 공간 디자인을 기획하고 있다.

우리는 취향을 팝니다

2019년 7월 1일 초판 1쇄 | 2021년 10월 21일 11쇄 발행

지은이 이경미, 정은아
펴낸이 김상현, 최세현   **경영고문** 박시형

책임편집 백지윤   **디자인** 정아연
마케팅 양봉호, 양근모, 권금숙, 임지윤, 이주형, 신하은, 유미정
디지털콘텐츠 김명래   **경영지원** 김현우, 문경국
해외기획 우정민, 배혜림
펴낸곳 (주)쌤앤파커스   **출판신고** 2006년 9월 25일 제406-2006-000210호
주소 서울시 마포구 월드컵북로 396 누리꿈스퀘어 비즈니스타워 18층
전화 02-6712-9800   **팩스** 02-6712-9810   **이메일** info@smpk.kr

ⓒ 이경미, 정은아 (저작권자와 맺은 특약에 따라 검인을 생략합니다)
ISBN 978-89-6570-823-0 (03320)

쌤앤파커스(Sam&Parkers)는 독자 여러분의 책에 관한 아이디어와 원고 투고를 설레는 마음으로 기다리고 있습니다. 책으로 엮기를 원하는 아이디어가 있으신 분은 이메일 book@smpk.kr로 간단한 개요와 취지, 연락처 등을 보내주세요. 머뭇거리지 말고 문을 두드리세요. 길이 열립니다.